有關
吉祥話‧畫
的23個由來

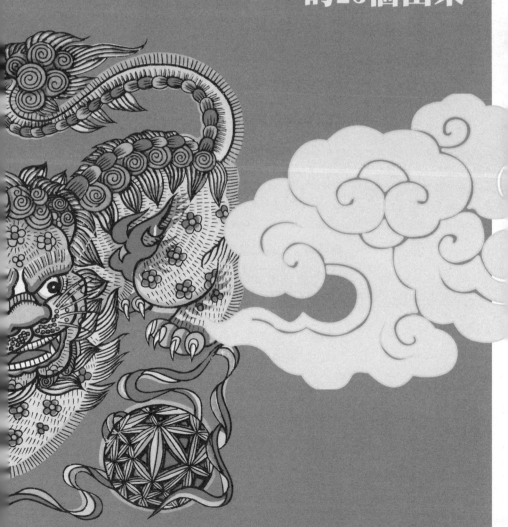

培育
文化

益智館 11

有關吉祥話‧畫的23個由來

作者　高君子

責任編輯　潘韻宇

美術編輯　姚恩涵

出版者　培育文化事業有限公司

信箱　yungjiuh@ms45.hinet.net

地址　新北市汐止區大同路3段194號9樓之1

電話　（02）8647-3663

傳真　（02）8674-3660

劃撥帳號　18669219

CVS代理　美璟文化有限公司

TEL／(02)27239968

FAX／(02)27239668

總經銷：永續圖書有限公司

永續圖書線上購物網
www.foreverbooks.com.tw

法律顧問　方圓法律事務所　涂成樞律師

出版日期　2016年6月

國家圖書館出版品預行編目資料

有關吉祥話.畫的23個由來 ／ 高君子著.

-- 初版. -- 新北市：培育文化，民105.06

　面；　公分. --（益智館；11）

ISBN 978-986-5862-81-7(平裝)

1.風俗 2.年畫 3.中國

538.82　　　　　　　　　105006076

前言

上學的時候，一位老師上課非常精彩，常常談笑風生，講述一些古趣逸聞。有位同學問老師一個東北方言「五脊六獸」的來歷。北方人說五脊六獸，意思就是百無聊，渾身上下都覺得提不起興致。

老師就讓這同學表達自己的看法，這同學就說：「一直以為這個詞寫作『屋脊遛獸』，你想啊，一個人跑去房頂遛狗，那不是很無聊。」大家聽了這話都笑，覺得滿有道理。

老師就告訴我們：「五脊六獸是舊時達官貴人家的房頂上才能看到的，五脊是指正脊、垂脊、戧脊、圍脊、角脊；六獸是在這些房脊上蹲著的鎮宅神獸。正脊兩端是龍子中的老九鴟吻，這傢伙也叫『吞脊獸』，能吐水避火。垂脊上的小獸分別是狻猊、鬥牛、獬豸、鳳和押魚，都有驅邪迎吉的寓意。平時這些蹲獸就蹲在那裡，沒有別的事情可做，可不就百無聊。」大家一聽，一個簡單的詞竟有這麼多吉祥寓意，不得不佩服古人的想像力。

人們常說，相聲是一門語言的藝術。其實，語言本身就是藝術。不管你身處什麼樣的環境和場合，總要用語言和周圍的人溝通。有人疑惑：「說話誰還不會呢？」其實不然，說話這

件事，常人都會。但同一句話對不同的人說，可能會得到截然
不同的反應；兩個人對同一件事的描述和處理，可能會產生天
差地別的效果。會說話，說吉祥話已經是一件特別實際和迫切
的需求了。

　　其實嘴笨未必說不出來吉祥話，巧舌的表達也未必都恰
當。中國古人最懂說話的哲學，各種吉祥話在官場、生意場、
交際場、坊間和鄉村，綻放成一朵朵文化和藝術之花。現代人
學會老祖宗傳下來的本事，在恰當的時機和場合說恰到好處的
吉祥話，是一個受歡迎的成功人士所必備的能力。

　　「吉祥話‧畫」是把吉祥話具象到中國的年畫中。過去，
老百姓過年的時候都要買年畫回家張貼，如「天師鎮宅」、「百
子圖」、「五子奪魁」、「萬象更新」、「三陽開泰」等。除
此之外，中國人還擅長在吉祥話中構想吉祥畫，在吉祥畫中品
味吉祥話：靈芝和蘭芷生在一起是「君子之交」；月季花與如
意祥雲的紋圖是「四季如意」；「鳳凰于飛」則象徵夫妻恩愛。
中國的吉祥話傳了上千年，人們用象形、多音、諧音等方式把
生活中的吉祥祝願展示在舌尖上，又把口中的吉祥話轉換在紋
圖中，用於繪畫、建築、雕刻、服裝、裝飾等處，形成了中國
式的風俗藝術畫卷。

［目錄］

討口彩・賀吉日

妙詞與美談

吉祥的文字

吉祥　中畫

討口彩，賀吉日

❈ 慶婚禮──龍鳳呈祥 ❈

從古至今，結婚都是一件大事情。先不論繁複而講究的禮俗，民間百姓期盼的婚禮，更在意的是吉祥、熱鬧而又喜慶的婚禮氣氛。大人們衡量著人情往來，議論著新房彩禮；小孩子爭著瞧新娘子，看熱鬧、打牙祭。新房的門窗上貼著大紅喜字、「喜鵲登梅」，床被上繡著「龍鳳呈祥」，既賞心悅目，又熱鬧吉祥；撒帳時散擲的長生果、棗子、花生、桂圓、荔枝、百合、蓮子等乾果，則寓意「長生不老」、「早生貴子」、「百年好合」和「連生貴子」，五隻紅雞蛋象徵著「五子登科」。喧鬧的鞭炮聲中，親朋好友共聚一堂，大家都紛紛道喜，滿嘴的吉祥話兒流水似的傾倒出來。

客人進門，向新郎父母道賀，可以說：「新婚大吉、令郎婚禧、賀子納媳、增祺添丁」。男方家是娶新媳婦兒進門，不僅多了個孝敬老人、共建家庭的人，也意味著未來孫兒輩的誕生，這是人丁興旺的福分；說「佳兒佳婦、家璧生輝」，便是稱讚新媳婦賢良淑德，才貌出眾，主人家聽了自然喜悅順耳。

若是給新娘父母賀喜，可以說：「令愛婚禧、恭賀女嫁、

福得佳婿、結親兼福」等。新娘父母嫁女，既為女兒開心，又難免有失落之感，所以可以多說一些讚美女兒覓得佳婿、前程遠大、福緣深厚的吉祥話，以舒娘家人的心懷。

新郎新娘到賓客桌前敬酒，可說的吉祥話就更多了。如「兩位是郎才女貌、天賜良緣、佳偶天成，祝你們天長地久、白頭偕老」，寓意新人的結合是一種上天注定的緣分，愛情永恆不變；或者祝賀說「兩位喜訂婚盟的新人是志同道合、珠聯璧合的一對璧人，祝願你們知音百年、比翼齊飛」。讚美新人有著共同的愛好和興趣，彼此因相知相愛而結合。平輩的朋友可祝福新人「珠聯璧合、花好月圓、相濡以沫、心心相印」；長輩們則一般祝福新婚夫婦「百年好合、夫唱婦隨、相敬如賓、舉案齊眉」等。

總之，中國人的吉祥話，說出來吉利順口，寓意則更為豐富悠久。

龍鳳呈祥

提起「龍鳳」，幾乎是無人不知、無人不曉的。但沒人真正見過，因為那是傳說裡的異獸，現實中根本不存在。畫師們

畫龍，一邊畫一邊唸叨著：「一畫鹿角二蝦目、三畫狗鼻四牛嘴、五畫獅鬃六魚鱗、七畫蛇身八火炎，九畫雞腳畫龍罷。」這「九不像」的樣子，也難怪假裝「好龍」的葉公被嚇昏了過去。

龍鳳呈祥

鳳凰就比較漂亮了，五彩絢麗，不死不滅。雄為鳳，雌為凰。從南海飛至北海，除了在某些神聖的樹上之外，從不棲息；除了最精緻，最稀有的水果之外，從來不碰任何食物，只喝最清澈的泉水。

古代的帝王自稱「真龍天子」，皇后自然就是「鳳凰」。鳳凰這高貴矜的姿態，就好比皇族后妃的尊貴。從屬性上看，龍屬水，興雲降雨；鳳屬火，崇高雅潔；就形象來說，龍的威武雄渾表達了男性特徵，鳳的優雅華麗則彰顯了女性魅力。因

此，後世多以「龍鳳」比喻新婚男女，取陰陽和諧、婚戀美滿之意，隱喻吉慶。與此涵義相近的吉語還有夫龍妻鳳、跨鳳乘龍、人中龍鳳等。

比翼齊飛

　　古時候，兩家人結親，男方要給女方家送訂禮。禮物大多是茶酒果品，更不會少了一隻肥胖活潑的雁，這是以大雁「忠貞不二」的特性來表達結親的誠意。鳳凰、大雁、天鵝，都有這類忠貞相伴的特點，鳳和凰一雄一雌，相偕而飛，鳴叫相和；大雁、天鵝若死了一隻，伴侶則鬱鬱而終；鴛鴦就差了些，結婚後總是膩在一塊，成雙成對地在水中嬉戲浪漫，但如果一隻死了，另外一隻就會收拾起心情，再嫁或者續娶。

比翼齊飛

中國的古籍詞典《爾雅》中寫到了一種南方的鳥，叫作「比翼鳥」，飛翔的時候，成雙成對地並列齊飛，不離不棄。《山海經》裡記載的比翼鳥，卻是長相奇怪的異類，牠們各自有一隻翅膀，一隻眼睛，只有兩隻鳥在一起相扶持，才能飛翔。這樣看來，比翼鳥的同甘共苦、不離不棄只是一種不得已。不過話說回來，能夠做到「白首不相棄」，不管是出於什麼緣故，總是值得稱讚的。

以忠貞相伴的鳥兒來比喻夫妻和好恩愛，是詩人們樂此不疲的事兒，也常見於老百姓的吉祥話中。「比翼齊飛」用以祝人婚姻美滿，戀情和諧，在生活和事業上並肩前進、相互扶持。與其涵義相近的吉祥話還有鸞鳳和鳴、綵鳳雙飛、于飛之樂、福祿鴛鴦、紫燕雙棲、魚水和諧、比目恩愛。

天作之合

「天作之合」源於西周初年的典故，商紂王寵愛妲己，荒淫暴虐，民不聊生。周武王順應天命，在姜子牙的輔佐下，帶著一眾天兵神將，在牧野決戰之後，滅商建周。《詩經》中讚美周武王，說他創下如此壯舉，是上天的護佑，為「天作之合」。

　　中國人眼中的「天」，代表著萬物的主宰者，是至高無上的神靈。天是如此高遠而不可企及，遙遠的天宮住著上帝和眾神，默默注視著人間並把持著自然規則。後世用「天作之合」來形容兩個相配的男女，意為姻緣是上天所安排的。電影《大話西遊》裡至尊寶對紫霞仙子說：「你管他那麼多，上天安排的最大嘛！」按照民間百姓津津樂道的傳說：所謂「千里姻緣一線牽」，天上的月老特意安排有緣男女結為夫婦，用紅線把他們綁在一起。所以有緣人命中注定相遇，並最終結合在一起。與其涵義相近的祝福語還有佳偶天成、天緣巧合。

月下老人

天長地久

在人們心中，能夠長長久久的東西就是吉祥的。說到長久，又有什麼比得上天地呢？中國神話傳說中關於「天地」的由來，帶著一種悠遠的神祕感。太古時代，世界原本是一個雞蛋形狀的巨星，人類的父神盤古孕育在其中，而「天地」是盤古用大斧子在一片混沌中開闢出來的，形成了最初的天地。春秋時代，儒家、道家所指的「天地」，有萬物規律和天道神明的涵義。《道德經》裡說：「天長地久，天地所以能長且久者，以其不自生，故能長生。」老子認為天與地是永恆存在的，並感嘆天地的恆久與悠遠。

在婚禮上祝福新人「天長地久」，也是用天地的永恆和時間的長久來形容永不變心的愛情和婚姻。不僅應景，而且浪漫。類似於瓊瑤小說裡煽情的愛情誓言——「山無稜，天地合，乃敢與君絕」。想說永遠在一起，那麼永遠有多久呢？天地般的時空存在，無疑是最長久永恆的事物，所以，「天長地久」類似於「永不變質」的保質期——「鑽石恆久遠，一顆永流傳」，這是夫妻、戀人之間的承諾，也是人們對新人的美好祝願。

喜結連理

　　北魏的地理學家兼驢友酈道元在《水經注》裡寫到了一種長在清澈溪流上的樹木，青榮茂盛，交合糾纏，故稱「連理樹」。多情的人，常會不自禁地把人世間的感受投入到大自然和萬物中去：看到相伴而飛的鳥兒，猜測牠們可能是伴侶，見了聯結生長的樹木和枝條，又聯想牠們也許是夫妻；不管是花草還是喬木，只要形態交合，就有夫妻的寓意。唐代詩人白居易寫「在天願作比翼鳥，在地願為連理枝」。這樣的詩大概中國人更能體會，觸動了人們心裡最柔軟的一處所在。

　　黃梅戲《天仙配》裡的《夫妻雙雙把家還》，任他是田間老農還是賣肉大叔，都會哼唱幾句。又如絲蘿，本是一種寄生的蔓草，纏繞在別的植物上瘋長，主人家還要費時費力地清除。不過絲蘿纏繞喬木而生，在騷人墨客眼裡卻是彼此依賴，不能

喜結連理

分離的纏綿。祝福新人喜結連理，比翼齊飛，是祝福夫妻親密恩愛的好話。與其涵義相近的祝福語還有連枝比翼、連枝相依、花開並蒂、並蒂榮華、絲蘿春秋、喜結伉儷、喜結良緣等。

檀郎謝女

　　提起相貌俊秀帥氣的男子，人們大多會想到潘安。「潘安」一詞儼然成了美男子的代稱。歷史上的潘安，原名叫作潘岳，是西晉時期的文學家，曾經寫下著名的《秋興賦》。潘安不僅才華出眾，相貌更是俊美無雙、卓越超凡，出去走一圈，立刻迷倒一群美女，後世常用「潘安之貌」讚美男子帥氣。潘安還有一個小名叫作檀奴，所以人們也稱潘安為「檀郎」；

　　「謝女」說的是東晉宰相謝安的侄女謝道韞，聰慧嫻雅，被當時的人讚為「詠絮之才」。一天，謝安在家中給子侄輩講解詩文，天突然下起了雪，謝安就問眾人：「白雪紛紛何所似？」謝安的侄子謝朗答：「撒鹽空中差可擬。」意思是下雪就像撒鹽末。謝道韞卻說：「未若柳絮因風起。」她把飄散的雪花想像成被風吹散的柳絮，獲得大家的讚歎。所以，人們常用「檀郎謝女」來讚美容貌儀態和才華學識都極為卓越的男女。婚禮

上說出這句「檀郎謝女」，便是讚美新郎新娘才貌雙全，是極高的讚譽。與其涵義相近的祝福語還有郎才女貌、金童玉女等。

百年好合

中國人常以「百年」來形容長長久久的一生，「百年」是「永遠」的另一種表達方式。「好」本身就有吉祥的涵義，也有愛慕、喜歡的意思。「窈窕淑女，君子好逑」，男女因緣結合，

《白蛇傳——借傘》

用老百姓的話說就是「兩好並一好」，民間也常常以「百年修得同船渡，千年修得共枕眠」來形容夫妻緣分得來不易，能夠修成夫妻，需要積聚千年以上的善緣。

《白蛇傳》中，白素貞原是在山野中修煉的一條小白蛇，某天被捕蛇老人捕獲，險遭殺身之禍，幸虧被一位小牧童所救，這牧童便是許仙的前世。千年修煉後，白蛇依照觀音大神的指引，尋找前世的救命恩人——在西湖細雨中，許仙和白素貞斷橋相會，經歷了千年的緣分，成就了百年的夫妻。故此，人們祝福新婚夫妻「百年好合」，是要他們珍惜緣分，恩愛好合，一直攜手到老。

與其涵義相近的祝福語還有白頭偕老、永浴愛河、情投意合、芝蘭千載、姻緣輻輳。

珠聯璧合

過去的有錢人家，熱衷於收藏和把玩珍貴的珠串和玉器。一些罕見的珠玉，甚至價值連城。人們還用「珠玉」來形容讀書人高貴的品格和女子美麗的容貌。珍珠出自海中，是蚌類得了結石病後分泌產生的珍珠，古波斯人稱其為「大海之子」。

越是經年日久的大珍珠，就越是稀有，象徵著高貴、平安與吉祥，是皇室宮廷、達官貴人喜愛的奢侈品。「珠」常被文人墨客用來形容美人，如珠圓玉潤、仙露明珠。

玉璧就更具松風水月式的中國味道，從著名的「和氏璧」開始，玉璧的傳說層出不窮。古典小說裡的書生小姐，互生情愫後，男子留下玉珮當作信物，也是常有的橋段。

民間傳說中，失散多年的孩子或者夫妻，憑著合二為一的玉璧或玉珮來彼此相認，上演皆大歡喜的團圓喜劇。「日月如合璧，五星如連珠。」當日月同時出現在空中，就被稱為「合璧」，是吉祥的徵兆。

珍珠串聯在一起，美玉相互結合，如同優秀的人才或美好的事物聯結在一起，配合得宜。用以比喻夫婦感情融洽和諧。與其涵義相近的祝福語還有夫唱婦隨、琴瑟和鳴、琴瑟永諧、如鼓琴瑟、琴瑟相調。

舉案齊眉

漢代有個人叫梁鴻，他讀完太學後回家當了農民。經人介紹，梁鴻娶了當地有名的財主女兒孟光。梁鴻很正直，不願意

侍奉權貴，知識分子那份清高被他表現得淋漓盡致。老婆孟光表示支持丈夫，兩人拋棄了富裕的世俗生活，隱居山中，種種田、讀讀書，逍遙自在。孟光雖然貴為大戶人家的千金小姐，對夫君卻從來不發小姐脾氣，不端小姐架子，連給夫君遞飯，都用托盤托著，舉到與眉毛一樣高的地方，不敢仰視夫君（因為顯得不夠敬重）；而梁鴻呢，也總是彬彬有禮地用雙手接過盤子。「舉案齊眉」就是敬夫君如貴賓的意思，與「相敬如賓」如出一轍。

用以形容夫妻之間互相尊敬、十分恩愛，是讚美夫妻婚姻和諧的專用詞。中國人對傳統的美滿婚姻總是喜歡稱讚「舉案齊眉」，認為這種「齊眉」之禮代表了女子「坤道」的溫柔賢淑。在現代婚姻中，舉案齊眉的禮節固然已經消失，但夫妻的相處之道，除了親密無間、兩小無猜，也必須彼此尊重，互相包容，才能維持長久。

秦晉之好

春秋時代，禮壞樂崩，諸侯各自雄霸一方，都不聽周天子的話了，王室力量逐漸衰微。秦國和晉國是相鄰的兩大強國，

本是互相競爭的對手，但是為了政治利益，兩國的君主王族之間開始家族聯姻，以鞏固各自的勢力範圍。

　　晉武公晚年娶了齊桓公的女兒齊姜為妻，晉獻公的女兒穆姬又嫁給秦穆公做了夫人，這便是「秦晉之好」的開端。漢唐時代，常有公主被送去外族番邦通婚聯姻，如「昭君出塞」，便是以漢匈修好為目的。唐貞觀十五年，文成公主從長安大明宮出發，沿絲綢之路到了西寧，嫁給了吐蕃贊普松贊干布，傳為千古佳話。

　　過去的大家族之間，也常以聯姻來鞏固家族勢力，如《紅樓夢》中的「賈史王薛」四大家族。婚姻的締結，不僅意味著一對相愛的男女要確立夫婦之義，還有合二姓之好，繁衍子孫，以延綿不斷的香火祭祀祖先的責任。

　　故此，人們逐漸將兩姓之間的聯姻和婚配稱為：結「秦晉之好」。與其涵義相近的祝福語還有秦歡晉愛、恭賀秦晉、朱陳之好、賀繼朱陳、聯姻嘉慶、結親兼福。

心心相印

　　「心心相印」本是佛家用語，為印證之意。世人取心意相

通、兩顆心相知相愛的意思，把這個詞當成了對愛情的專用表達。相愛的人，彼此的心意即便不說出來，通過一個眼神，一個會意的微笑，就可以瞭解對方的心思，妻子使個眼色，老公立刻執行，相當有默契。所謂「身無綵鳳雙飛翼，心有靈犀一點通」，用來形容相互愛戀著的男女感情真摯，互知心事。與其涵義相近的祝福語還有同德同心、知音百年、志同道合、同心永結、情意相通等。

古人娶妻，要一直等到黃昏，太陽落山時婚禮的迎親隊伍才出發。這是取「陽往陰來」之意，因在女方家迎娶，故稱為「婚」。舊時的士大夫家，結婚儀禮要按照納采（納彩）、問名、納吉、納徵、請期、親迎的「六禮」的程序依次進行。庶民階層沒有這般講究，卻也力求禮數周到，華彩隆重。

現代婚禮中，這些煩瑣細緻的禮儀已經融合併簡化，但經過結婚登記的夫婦，一定要舉行盛大或獨特的婚禮儀式。婚姻在法律保護之外，亦需親人的祝福與世俗的認可。無論世間滄海桑田，相愛之人那「執子之手，與子偕老」的誓言卻不曾改變；而那些舌燦蓮花、鮮明喜慶的吉祥話，也伴隨著古老的儀式與誓言，在新人的婚宴上代代相傳。

花好月圓

　　中國詩詞中，最常被寓以愛情和情感寄託的事物，大概就是花和月了。這也難怪，花前月下暫相逢，鶯鶯夜裡會張生，那番情調和心動，自然要被詩人輕吟歌詠。李白在《月下獨酌》中寫道：「花間一壺酒，獨酌無相親。舉杯邀明月，對影成三人。」有花、有月、有酒，卻只是形單影隻的一個人，自然是令人遺憾。所以，花好月圓是屬於兩個人的夜晚，最適合談情說愛。花兒開得正盛，月亮當空正圓，互相愛慕的男女情定終身。而「花好」和「月圓」也符合中國人的團圓心理，從而以這般良辰美景祝福新婚男女生活美好圓滿。與其涵義相近的祝福語還有花月同春、月圓花明等。

花好月圓

❀ 賀生子——世代綿延 ❀

　　生育繁衍是陰陽二氣的結晶，是萬物生生不息的源流，是世代綿延的血脈傳遞。在中國，人們盼望早生子、多生子，以延續香火、興旺人丁。哪家的媳婦要生孩子了，先不說自家人歡喜忙亂，親戚朋友都要來慶祝賀喜。給初生兒辦滿月酒、百歲酒，早在宋代已成風氣。滿月酒的儀式也很多，如「落胎髮」、「取乳名」、「抓周」等。一般來說女兒生娃娃，外公外婆家送的禮物最厚，衣服、被褥、鞋帽、搖籃、長命鎖、金銀鐲，配合「長命百歲」、「金玉滿堂」的字樣和吉祥圖，把小娃娃打扮得漂亮可愛。其他親朋好友，有送禮的、有送錢物的，叫作「粥米銀」；也有人送煮熟的雞蛋一百顆，還有人送好的喜麵，都是祝福孩子富貴安康、長命百歲的象徵物。參加滿月酒的主客賓朋，自然要說吉利話，而且要圍繞著新出生的嬰兒。

　　喜得貴子的，可以祝賀：弄璋之喜、天賜石麟、文曲下凡、麟子金童、備器社稷、祝子成龍、臥龍轉世、鳳雛再生、子孫昌盛。

　　喜添千金的，可以祝賀：弄瓦喜慶、明珠入掌、藍田得玉、

緣鳳新雛、鳳雛新鳴、家國新秀、佳秀大器、新月霽空、牡丹首艷。

　　如果生了兩個大胖小子，可以祝賀：一朝雙喜、蘭桂齊芳、桂子蘭孫、雙虎同臨、棠棣聯輝。

　　如果是雙生女兒，可以祝賀：物中雙美、一門雙秀、雙芝競秀、玉樹聯芬。

　　生了龍鳳胎，可以祝賀：龍鳳齊名、鳳麟並至、麟雛鳳種、花萼欣榮；遇見特別會說話的，還能謅出一段詞來：「一代天『嬌』，喜得貴『子』，『龍』騰四海，『鳳』翔天下」。

弄璋之喜

　　中國的歷史劇和電影裡，常有這樣的鏡頭：一群穿著冠服的官員站在朝堂上拜見天子，手裡拿著一塊上端尖，下端平的長條形物事，那叫朝笏，也叫朝板。

　　周代的時候，大臣上朝就有拿朝笏的規矩，玉石做成的朝笏叫玉圭，很是珍貴。秦漢之後，依官階大小，朝笏分別用玉、象牙或竹片製成。皇帝在寶座上開了金口，下達旨意，底下的官員聽多了記不住，就在朝笏上連寫帶畫，如同記事本。

「玉璋」和「玉圭」相似，也是《周禮》中記載的禮器之一，紅瑪瑙做成的叫「赤璋」，用來祭祀南方朱雀之神。周天子出去打獵巡守，要祭祀山川，也用玉璋。祭山，禮成後將玉璋埋在地下；祭川，禮成後把玉璋投入河裡。

在古代，家裡生了男孩，大家都歡呼雀躍，因為男丁是傳香火的。男孩剛生下來時，長輩就盼著孩子有出息，長大最好封王拜相，那就可以手執圭璧，光宗耀祖。因此，後世稱生男孩為「弄璋」。「弄」有把玩的意思，滿月抓周的時候，家裡大人就把玉璋給男孩玩，多玩一玩，以後好官拜一品。「弄璋之喜」就是說，家裡生了男孩，以後有當官出仕的機會。這是大喜事，要隆重慶賀。與此涵義相近的吉祥話還有弄璋喜慶。

天賜石麟

麒麟是中國神話中的吉祥瑞獸。老百姓心中的麒麟形象，是年畫《麒麟送子》上馱著小童的神獸；麒麟也是神的坐騎，如《封神榜》中聞太師騎的墨麒麟，黃天化騎的玉麒麟。麒麟的樣子奇怪：龍頭，馬身，龍鱗，性情溫和，從來不傷害人畜，不踐踏花草，被人們稱為仁獸。據說，麒麟現身，寓意天下太

平、萬物祥瑞。

　　明朝的時候，鄭和的船隊下西洋回到北京，從東非帶回來兩隻長頸鹿，當時的人們以為是麒麟，都頂禮膜拜。明成祖朱棣非常高興，他揚揚得意，認為這是自己的英明神武、文治武功所帶來的吉兆。

　　皇帝是真龍，那些公、侯、伯、駙馬等就低一個級別，穿著繡著麒麟圖案的服飾，故稱「一品麒麟」。

　　民間傳說，麒麟會給人們帶來兒子，使家族興旺。舊時的節日，人們常常以耍龍燈慶祝。結婚多年沒有孩子的人家，或

麒麟送子

新婚夫婦還會專門請耍龍燈的人來家裡，他們將龍身縮短呈麒麟狀，頂著一個白胖的小娃娃，圍著這家的媳婦轉一圈，在堂前繞行一周，叫作「麒麟送子」。麒麟所送來的孩子，肯定不是一般人，都是帝王或者聖人，是智慧、長壽的聖賢。

傳說中，伏羲、舜和孔子的出生都伴有麒麟的出現，孔子的母親生孔子前，祈禱於尼丘山，曾有麒麟現身。賀「天賜石麟」，意思是老天以麒麟為使者，賜給這家一個聰明又有福氣的男孩。與此涵義相近的吉語還有石麟呈彩、麟子金童、神童祥麟、臥龍轉世、鳳雛再生。

文曲下凡

「文曲」指的是文曲星，也叫天權，是北斗七星之一，斗勺處的第一顆星。在中國的神話傳說中，「文曲星君」是最有文化的神仙，相當於神仙中的博士後，說某人是「文曲星下凡」，那就一定是學問好，文章寫得又棒。當然，這頂高帽子也不是隨便什麼人都能戴，至少也得是個「狀元及第」。

文曲星本是神仙，下凡來人間是有著不同尋常的重要任務，多數是作為天神的使者，到世間為黎民百姓做好事。民間

傳說中被稱為文曲星下凡的人不少，最早是《封神榜》中有七竅玲瓏心的丞相比干，死後被姜子牙封為文曲星。還有「先天下之憂而憂，後天下之樂而樂」的北宋政治家和大才子范仲淹，青天大老爺包拯，「留取丹心照汗青」的文天祥，《白蛇傳》里許仙和白素貞的兒子，後來中了狀元的許仕林等等。

　　這些人物的共同特點是有內秀，也有理想抱負和人格魅力；文章寫得好，而且被朝廷錄用為大官，成為千古流芳的大人物。祝福新生的嬰兒是「文曲下凡」，自然是對主人家新生兒的美好祝願，希望孩子長大後，能夠才華橫溢、金榜題名，成為國家的棟樑之材。與此涵義相近的吉語還有天賜神童、帝子天賜、應運天使、謫仙祥臨。

文昌星

熊夢呈祥

「熊」這個詞，現在看來並不是什麼特別出眾的好詞，說一個人「熊樣」，那是罵對方蠢笨，不夠機靈。而虎背熊腰能和「熊」掛上鉤，也只能用來形容壯漢，算一個中性詞。股市好是「牛市」，大家喜氣洋洋；股市大跌就是「熊市」，眾人呼天搶地。「熊」在這裡，要算貶義詞了。

在古代，「熊」是一個代表吉祥、力量、才華的詞語，人們用「熊熊火焰」形容旺盛、熱烈，黃帝的國號為「有熊」，楚國的國君就以「熊」作為姓氏，熊姓是一個大姓，歷代出了很多名人，寫過《楚辭》的大詩人屈原就姓熊。

《詩經》中說，夢見熊是生男孩的徵兆；夢見蛇預示會生女孩。傳說周文王在靈台睡覺，夢見一隻熊，長有翅膀，飛著撲向了自己。一隻長著翅膀的大熊撲過來，能不受到驚嚇嗎？文王嚇醒之後，第二天就叫手下大臣散宜生來占卜，分析夢的吉凶。不過，占卜結果卻是吉兆，預示著將會有賢人能士來輔佐文王。周文王聽了，就出去找這個賢人，最後在渭水河邊遇到了「直鉤釣魚」的姜子牙，而姜子牙的別號正是「飛熊」。姜子牙出山後，協助文王、武王建立了周朝。

從此以後，「夢熊」便是吉祥的寓意，「熊夢呈祥」是對家中男孩出生的稱頌和祝賀，希望男孩長大了成為國家的棟樑。與此涵義相近的吉語還有夢熊之喜、德門生輝、備器社稷。

蘭桂齊芳

古人常用「芝蘭」和「丹桂」來指後世子孫。蘭桂齊芳，一般用於雙生兒的祝賀。某家新添雙生子，最高興的人莫過於祖父母一輩人，對祖父母賀一句「蘭桂齊芳」，意思是新生的兩個孩子都很優秀，以後都會有出息，取得榮華富貴。

蘭桂齊芳

　　蘭是人們所熟悉的植物。蘭即蘭草，古人常把它與芷草並稱為芷蘭，比喻才質之美。中國古人將「梅、蘭、竹、菊」喻為四君子，是因為它們的姿態和特點讓人聯想到品質高潔、氣質幽雅的高人隱者。蘭，是生於深山幽谷中的嘉木靈草。

　　清代的康熙帝最愛蘭花，在書房和養心殿養了大量婀娜多姿的蘭花。讀書人家喜歡養蘭花，為顯素潔清雅；百姓人家養蘭花，為了美觀樸實。蘭花固然有野、幽、傲的特點，但也是一種雅俗共賞的人間之花。著名書法家王羲之《蘭亭序》可以說無人不知，這個清香縷縷的蘭亭，便是傳說中越王勾踐種植蘭花的地方。

　　「桂」就是桂花。過去讀書人考中了進士，有了功名，人們都會誇讚說「蟾宮折桂」，意思是折下月宮的桂花枝，用以比喻應考得中。「桂」因此有了子弟成才、前程錦繡的象徵意義。與此涵義相近的吉語還有桂子蘭孫、孫枝啟秀、棠棣聯輝、花萼欣榮等。

新月霽空

　　太陽是陽剛之氣，月亮的陰柔便恰恰能蘊含女性的魅力和

氣質。新月讓人充滿喜悅，又能撫慰心靈，那些新生的女孩，如同新月一般，有鼓舞人心的力量。中國的文人墨客，凝望月亮便能寫出一篇篇絕妙好詩：「夜江霧裡闊，新月迴中明。」、「三五夜中新月色，二千里外故人心。」

春天的月亮顏色清淡，被青色的炊煙罩得如夢幻之境；夏天的月亮寧靜清澈，如美人明眸；秋天的月亮又大又圓，充滿信心；冬天的月亮略微蒼白，在厚重的黑雲中凝重雍容。

祝賀生女之喜，說一句「新月霽空」，會讓人想到夜空中的那輪新月，以一種柔和、不可抗拒的美來到人間，給了父母希望、驕傲和感動。與此涵義相近的吉祥話還有綠鳳新雛、鳳雛新鳴、家國新秀、佳秀大器。

弄瓦征祥

以往人家生了女孩，大家會說「恭喜弄瓦」。「弄瓦」是一句民間俗語，指生女兒。「瓦」是古人用的一種原始紡錘。舊時，女兒家第一要緊的事情便是女紅、操持家務。中國人歷來有「重男輕女」的思想，按照老話說，女兒是潑出去的水，兒子才是家裡的頂樑柱。女孩子未出閣，在家中便聽從父母、

兄長的教導，出嫁了便聽從丈夫的意願。這是一般規則。如果
生在帝王之家，女孩子是尊貴的公主；生在王侯將相之家，是
深閨的千金小姐。

　　作家張愛玲寫過一篇小說《琉璃瓦》，文中寫道：姚先生
有一位多產的太太，生的都是女兒。親友們根據著「弄瓦，弄
璋」的話，和姚先生打趣，喚他太太為「瓦窰」。

　　現在，生女兒也是一樣嬌貴，女兒是父母的貼心小棉襖。
女子巾幗不讓鬚眉，武如花木蘭，文如李清照，還有女皇帝武
則天。生了女兒，大家賀一句弄瓦徵祥、弄瓦之喜、弄瓦喜慶，
不僅沒有對女孩的輕視，而且充滿了濃濃的喜悅和祝福。

藍田得玉

　　「玉」是中國的一種特殊文化。古人鍾愛玉器、收藏玉石，
常以「玉」來比喻君子，有身分地位的人物都用「玉珮」、「玉
器」裝飾自己，玉不離身。大家閨秀、千金小姐，乃至名門公子，
以「玉」起名的很多，如《紅樓夢》中的賈寶玉和林黛玉。

　　玉的溫潤、珍貴和年深日久的沉靜讓人著迷，令人愛不釋
手。唐代詩人李商隱有一句名詩：「滄海月明珠有淚，藍田日

暖玉生煙。」藍田，即陝西的藍田山，是有名的產玉之鄉，著名的和氏璧就是在這裡開採的。詩中說藍田這個地方的玉很獨特，在日光的照耀下，晶瑩的玉石會生出玉氣。古人認為，凡是寶物，都有一種人們用肉眼看不見的光氣，美玉的精氣遠察如在，近觀卻無。

據載，唐明皇和楊玉環都喜愛音樂，唐明皇曾命人採藍田玉為楊貴妃製作樂器，以此討美人的歡心。用玉比喻美女，常見於古代詩文中，如「玉容、玉面、玉女、玉立」等。

藍田得玉，是祝福初生的女孩子品德卓然、才華出眾、容貌美麗，同時也表達了人們對女孩子如珍似玉般的愛護。

掌珠之喜

珠就是珍珠，也稱明珠。誰家的小女兒珠圓玉潤、招人疼愛，人們會說她是家裡的「掌上明珠」，用老百姓的話說是「捧在手心裡的寶貝」，意思是格外受到父母的寵愛和憐惜。可以說，女人和明珠，總有一種若有若無的聯繫。女人可以讓珍珠的光芒充分綻放，世界上還有比珍珠更適合用來形容女子的嗎？可以溫潤內斂，也可以冷艷奪目。

　　早在秦漢時期，產自南海的珍貴「南珠」就被當成供品運往帝都，供奉給皇帝、太后、皇后。物以稀為貴，珍珠是王公命婦的冠頂飾物。清朝皇后的朝冠，要用三百多顆珍珠製作。遇到皇帝心情好時，賞賜后妃明珠，是極高的恩賜和榮耀。中國的南珠主要產自廣西合浦，一顆晶瑩圓潤、皎潔艷麗的明珠，它的價值甚至可以抵過一座城池。珍珠來源於海洋，散發著生命的氣息。

　　《紅樓夢》裡曾經寫過一種來自於西洋的舶來品──「母珠」，珠子像桂圓那麼大、光彩奪目，往盤子裡面一放，盤裡的小珠子就都滾到它的周圍，一會兒就把它抬高了，其他小珠子一顆也不剩，都粘在這顆大珠上。這些珠子彷彿有靈性一般，就像那些靈秀俊美的女孩子，玲瓏剔透，善解人意。與此涵義相近的吉語還有明珠入掌、合浦得珠、握珠嘉禧。

❈ 取名字──好名雅字伴一生 ❈

　　名字伴隨著人的一生。嬰孩剛一出生，身上就寄託了父母親朋的摯愛與希望。一般來說，取名字的時候，父母恨不能把世界上最好的祝願都涵蓋在名字當中，讓孩子一生都能平安健康、聰慧有成。按照老人們的講法，給孩子留下千兩黃金，不如教會孩子一門手藝；教會孩子一門手藝，不如給孩子起一個好名字。

　　別不相信，過去的老話不是沒有道理的，那其中融會了祖先前輩們幾百、幾千年的人生智慧。古人是在孩子滿月酒當天，請德高望重的嘉賓起名，也有祖父長輩按照家譜起名的。現在，不少父母願意花大價錢去「命名堂」、「起名齋」給孩子起名，主要看數理吉凶、八字五行。但除此之外，取一個好名字，還有很多需要思量和斟酌的方面。

　　先是要讀著好聽，朗朗上口。如「沈含章」自然要比「南尼蘭」好聽得多，為什麼呢？因為前者聲調變化大，有抑揚頓挫的感覺；後者讀出來含含糊糊，孩子在報上名字的時候不響亮，精氣神兒就比人矮了幾分。

　　然後就要考慮名字的獨特性，不能太普遍。別回頭孩子上學了，老師一喊：「王強！李華！」班裡齊刷刷站起來三四個。名字要獨特，寓意深刻，富有哲理。但盡量不要用生僻字，不然大家都不會念，看到這個字，糊里糊塗地亂用個字音就混過去，反而不美。獨特之處應該在於父母對孩子的期望，如性格、容貌以及未來成長，這種期望可能是相似的，但用詞卻可以千回百轉，千變萬化。

　　再有就是避免不好的諧音，如男孩起名為「侯巖」，容易被想成「喉炎」；女孩叫「胡麗晶」，被誤聽為「狐狸精」，讓孩子的名字成了笑料或者外號，那就比較尷尬了。

　　最後可以注意字形，如「國團圓」這種名字，寫出來就太「窩火」了。名字需渾然天成，簽名的時候讓人覺得骨架分明，很有氣勢。中國文字的魅力在於蘊意，每一個字都有其特殊的涵義，所謂「名如其人」，一個好的名字，字義先要吉祥，讓吉祥、高貴和典雅隱入名字中，融入性格裡。

男孩的吉祥名

　　古人對男孩更為重視，認為兒子是「傳香火」的頂樑柱。

家裡生了男孩，命名則更為慎重。父母不僅將兒子看作生命的延續者，也看成人生實踐的繼承人。為了給兒子取個好名字，當父親的，做祖父的，常常為了一個字能撚斷好幾根鬍鬚，很糾結。現代人則有過之而無不及，家裡就一個寶貝，給孩子取名字，更是慎之又慎。

經典

取名字的時候，很多人的第一反應是翻書。翻什麼書呢？自然是經典名著。古人也是如此。比如唐代詩人孟浩然，「浩然」兩字便出自《孟子》的「吾善養吾浩然之氣」。又如明成祖朱棣，他的名字來源於《詩經‧小雅‧常棣》，常棣是周人宴請兄弟時所奏的樂歌。又如乾隆帝的名字——弘曆。「弘」這個字，來源於《周易》中的「含弘光大」，指大地無所不包、無所不有，有一種遠大、宏偉的蘊意。

又如「鵬」這個字，常被用於男孩的名字中，出自《莊子‧逍遙遊》的「鵬之徙於南冥也，水擊三千里，摶扶搖而上者九萬里」。鵬是一種能飛幾萬里的猛禽，「萬里鵬程」就來自於此，寓意有理想抱負並能積極實現。給孩子起名宵鵬、鵬飛、雲鵬，自然是希望孩子像鵬鳥一樣衝向雲霄。還有《周易》裡面的八

卦也常被滲透到中國人的起名用字上。

聖賢

　　有人喜歡模仿古今聖賢偉人為自家孩子取名。如古代的明君堯舜禹湯，儒家聖人孔子孟子，都是被後人所追懷尊崇的。過去有很多男子叫旭堯、希孔、希孟、宗孔、宗孟、希聖、聖傑、希賢這類名字的，當然不是亂叫的，取這類名字的大多是王公貴族，世代書香人家。這類名字，老白姓家裡的孩子不太叫，因為太大了，而且有顯露野心的嫌疑。在封建王朝時代，人們要「尊祖敬宗」，直呼君主的名字是大逆不道，取名字冒犯和模仿君王就更不行了。

　　不過現在就不同了，仿照聖賢偉人取名，是很正常的事，但最好不要同名同姓，如曹操、關雲長、李大釗這種名字，稱呼起來會讓人覺得比較奇怪。

德行

　　有些父母對孩子的品格、德行寄予極大的希望，認為德行謙遜是做人的第一要義，在取名字的時候，多會考慮選用仁、義、禮、智、信、忠、孝、烈等字。如明朝的心學大家王守仁，近代著名民族企業家榮毅仁，關東第一才子王爾烈。另外還有

很多積善讀書人家給子弟起名德銘、德福、守義、守信、守智、義舉、義真、重義、義隆、正義、建義、忠瀚、忠誠、忠澤、忠禹、孝文、孝先、孝然、孝純、孝存、山民、逸民、偉民、佳民等，都是為了突出這些德行，以表達長輩對孩子的教誨和殷切寄託。

爵位

用高等爵位，如公、侯、伯、子、男來命名，象徵尊貴的權勢和地位，以此來祝福和期待孩子長大了能夠走上仕途，光耀家族門庭。比如畫《富春山居圖》的元代畫家黃公望，三國英雄人物周公瑾、孫伯符等。子，一方面是爵位的等級，另外也特指有學問的男人，是一種尊稱和美稱，如子義、子良、子榮、子淵、子美等。

文武

過去對男孩子的最高讚美是文武雙全。如果希望孩子以後在文學方面有所建樹，可取名為尚文、育文、文華、有文、文俊、文博、文昊、文翰；若希望孩子將來孔武有力，身體健壯，可以取名為冠武、尚武、勇威、振武等。

剛正

所有的父母都希望男孩子長大之後成為一個有理想、有志氣、堅定剛正的好男兒，最主要的是建功立業。尤其是新中國

剛剛成立的時候，那一代新出生的男孩大多起名為國柱、棟樑、向前、建功、建勳、宏業、保國、致遠、為民等。另外還有如正方、季方等名字，直接用「方」這個字，寓意正直。

飄逸

常有一些人的名字讓人覺得非常有藝術氣質，讀起來飄逸，又值得回味。比如「逸」這個字，有超凡脫俗的意味，逸飛、雲逸、汝逸、辰逸等。還有「士」字，本來是對讀書人的一種稱呼，起名如士元、士龍、士載、士奇等，表達一種對讀書人的偏愛。又有「思」字，思考，沉思的意思，是智慧和沉穩的表達。若以「思」字入名，可以起名如思遠、學思、成思、思得等。

勇猛

比之女性，男性從生理和心理上都更為堅強、勇猛，有力量、敢於爭鬥。這一點上，男子的特性和自然界中的一些猛獸飛禽相似，所以不少家中男丁多且尚武的，起名為鷹、虎、彪、豹等。詞人王正之參加朋友兒子的滿月酒，正巧這個兒子是第三子，所以王正之就賀喜朋友「三虎成彪」，做了一首非常有奇趣的《喜遷鶯》。

發財

　　說起來，有人愛才，有人愛財。評書裡、傳奇中，但凡有那種富貴人家的獨生子，地主家的愛子，起名都離不開富貴、發財、金寶、銀寶、進寶、喜財、旺財、升財這樣的詞。聽著雖然俗氣了一些，不過倒是很直接地表達了父母對財富的渴求心理。不藏著不掩飾，就是喜歡發財，這也沒錯。現代人很少給孩子起這麼直接的名字，把這些金玉珠寶隱藏在名字中，倒是一個不錯的主意，如守珍、泉玉、良玉等，就清雅多了。

福祥

　　既然有發財，也要有福祥才完美。在過去，民間百姓對孩子的祝福比較直接，既然盼望幸福、吉祥，就直接選用這類字詞，如吉祥、吉慶、吉利、祥瑞、興利、勝利、天勝、平安、進喜等。除了這些，還有一些內隱福祥的字詞，如「永」，是長長久久的意思，如永元、永剛、永寧、永勝、永貴等。如果想把這類吉祥詞用得內斂點兒，可以取明輝、利哲、睿祥等名。

自然

　　古人在山川河流中勞作、生活、歌唱。人們感受到自然的壯觀和美好，就把這些字用在孩子的名字裡。如天、山、海、川、河、江、空、皓、岳、嵩、蒼、宇、黎、煦等字，比較文

雅的名字如天養、天祐、瑞煦、雲山、海濤、海峰、川齊、黎明、恆岳、皓寧等。

女孩的吉祥名

在古代，社會對女人最大的要求就是在家從父，出嫁從夫，賢良淑德，孝敬公婆。所以，呈現在女性的名字上，大多也透著一種順從和柔婉。現代的女性地位比較高，生男生女都一樣高興，有的人家還特別喜歡女孩，希望生一個貼心懂事的女兒來疼愛、珍惜。幫女孩取名字，當然也可以依照男孩的標準，以志向、德行為寓意；但女了的上善若水恰好是一種獨特的魅力，所以女孩的名字最好不要太剛太強，而是要在獨立寓意的基礎上滲透出美好、柔和、包容、內斂和飄逸。

美姿

中國文字中，有很多女字部首的文字。造字者應該十分欣賞女子的各種美姿美態，用文字表達了女性的容貌、身材和體態，帶來了感官上的愉悅和心靈上的享受，讓人一看到這個字，就如同見到了真人一般。

如「媚」字，甲骨文的字形是一個女人面朝著右方而跪，

臉上有只大眼睛，眼睛上面是兩根彎彎的睫毛。媚娘、嬌媚所形容的，都是大眼睛的美人。又如「嬈」，有嫵媚多情的意思，看到這個字，就好像看到一個體態優美、長袖善舞的佳人一般。「娜」字形容女子姿勢優美，好似漢朝的美人趙飛燕，能在金盤上跳舞，輕盈得讓人驚歎。還有「姍」，令人想到一個步履輕盈、飄然若仙的身影。又如「妙」字，女兒年少為妙，說的是豆蔻少女。妙巧是美妙奇巧，妙香是奇妙的香氣，妙麗為容貌美好，妙色是莊嚴或美麗的色彩，妙字涵蓋了許多「只可意會不可言傳」的好處。還有「姝」、「嬋」、「嫦」等字，用來形容女子美貌卓絕；此外還有嫵、媛、婷、娟、娥、婉、妍、艷、美、麗等，都是對女孩樣貌和姿態的讚美。用這些字給女孩取名，是父母對女兒容貌的期待，希望自己的女兒長大後，成為「有女百家求」的金鳳凰。

德容

莎士比亞曾經說過，沒有德行的美貌是稍縱即逝的。因為美貌中藏著一個善良的靈魂，所以美貌才會永存。在中國社會，德行更在美色之前。過去說皇后娘娘「母儀天下」，就是說皇后的品德、儀容和風度是全天下女人學習的榜樣。春秋時代的

美女莊姜，是《詩經》所描述的大美女，身材高挑纖長，手如嫩芽般白嫩，肌膚如凝固的油脂，笑起來美目顧盼，令人陶醉。另一位美女衛宣姜，傳說也是天姿國色，但是她品德很差，所以人們對莊姜讚美不已，對衛宣姜卻不屑一顧。一個女人美麗與否，還是在於德行。

常被用作女名，能夠表達女子品德出眾、文雅正直的詞有慧、巧、靜、嫻、淑、秀、俊、閣、釵、釧、香、文、雅、真等。「慧」是聰明機智的意思，女孩聰明，就比笨拙的多了可愛之處；「巧」是精巧、奇特，中國有七夕乞巧的習俗，就是女性對「巧」這一願望的寫照。「貞」、「靜」、「淑」、「嫻」、「惠」都有大家閨秀的氣質，作為女孩的名字，令人覺得非常舒服和恰當。「俊」、「秀」多有秀外慧中的蘊意，美麗而不俗氣，聰明而清秀；「文」、「雅」、「真」這類字多用來表達女孩子的書卷氣和純真；而「釵」、「釧」本是女人的飾品，又可代指女性，如「金陵十二釵」、「荊釵布裙」，《紅樓夢》中的淑女典範薛寶釵、忠貞剛直的千金小姐王寶釧。

柔和

《詩經・桃夭》寫了一位要出嫁的女子，對未來的生活

很期待。新娘子長得很漂亮，艷若桃李。但是光漂亮還不夠，女人想要家庭幸福，性格中一定要具備柔和的一面。對待丈夫，要以柔順為武器，使得「百煉鋼化為繞指柔」。所謂「之子于歸，宜其室家」。只有性格溫和，有剛有柔的女人，才能聰明地處理家庭矛盾，讓家庭興旺和順。

表達「柔和」蘊意的女性名字有雲、月、波、雪、雯、涓、愛、喜、怡等。

珠玉

以金玉珠寶給女孩命名也很流行。「其人如玉」、「美人卷珠簾」這類詩句，都是將珠玉和女子聯繫在了一起。「珠玉」美麗、高貴、溫潤、雅致的特性，和女人的氣質能夠很好地契合。

能夠用作女孩名字的如玉、琳、珊瑚、琥、瑷、瓊、瑪瑙、環、珍、珠、瑛、寶、金、銀、鈺、琪、玳、瑪等。琳本身就是美玉的意思，珊瑚是海中珍寶，瑪瑙、珍珠、玉環、琥珀、金銀等，都是世間財富珍品。取名「珠玉」的女孩，自然也就被賦予祝福：氣質才華出眾，不僅是父母的掌中明珠，也是夫君的眼中珍寶，一生都被珍愛呵護。

花草

用花草給女孩子命名，是為了突出自然美感，表達出女性像花一樣美麗、嬌艷、動人，聽到名字即令人心生歡喜。如「芝」、「蘭」、「芷」，是《楚辭》中芬芳的香草，用來比喻高貴的王者、聖賢和君子。再如「蓮」、「荷」、「芙」，都是指清雅的荷花，有「出淤泥而不染」的美好品質和不輸花王牡丹的嬌艷。又如「茉」、「莉」、「薔」、「薇」，都是嬌美無雙的花朵，形容女子娟好的容貌。另外還有芯、蘆、芋、芍、芽、芩、薺、菁、蕉、蕾、藍、蘿、梅、桃、杏、楓、椒、芬、芳、芹、芭、蘋、苗、英、苓、荔、莎、萍、菠、樺、菲、薔、蕊、蕎等。

❈ 過生日──古今長存的雅禮 ❈

　　過生日、祝壽的風俗起初並不太盛行，到了明清時代才逐漸興起。因年齡和身分的不同，生日的祝賀形式也大不一樣。小孩子過生日，一般家庭頂多加幾個孩子愛吃的菜餚，幫孩子做一套鮮亮的新衣裳，當母親的再下廚做一碗香噴噴的荷包蛋壽麵，就是過生日了。富貴人家的公子小姐過生日，雖然嬌貴，但也大同小異，母親送衣服鞋襪，父親送些筆墨紙硯，兄弟姐妹送些新鮮小巧的玩意兒。現代人也差不多，幫小孩過生日，大多是親友一起吃頓飯，買個生日蛋糕，送些孩子喜歡的玩具或衣服就可以了。人們可以祝孩子健康可愛、學習進步，也可以說一些傳統的吉祥話，如生日快樂、生日吉祥、生日康怡、長命百歲、長命富貴等，並無太多局限。

　　按照俗話所說──小孩子的生日不能大辦，容易折了福。成年人過生日，要看身分，也看興致。如果是有權勢地位的人，總會有人特意張羅，辦熱鬧的宴會，聽聽戲、喝喝酒，樂上一天。三十歲的生日，可以祝賀「而立大祺」；四十歲的生日可以祝賀「富貴不惑」；五十歲賀「知命幸福」、「晉爵延齡」。

中國人最重視的還是上了歲數的老年人的壽誕。五十歲之後，對生日的慶賀稱為「過壽」。而六十歲和八十歲，被稱為「做大壽」。六十歲的特定祝詞有「耳順康寧」、「花甲吉祥」；七十歲祝「古稀春榮」；八十歲祝「八旬山壽」、「耄年祥瑞」；九十歲祝「耋齡康泰」；一百歲賀「期頤千秋」。

　　家境殷實的人家，為了給老人慶賀壽誕，常常要大擺宴席，設置壽堂，掛壽圖，送壽桃，吃壽麵，讓壽星接受親朋好友的拜賀。歷史上最盛大的祝壽宴，可算是乾隆皇帝辦的「千叟宴」。現代人不設壽堂，但是在飯店包上幾桌酒席，鄉村人家在庭院裡擺壽酒，也很普遍。給老人過生口、做人壽，是子女的孝道，也是表達對老人長壽的喜悅。晚輩們是一定要準備好相應的吉祥話的：如福如東海、壽比南山、壽誕吉祥、壽日康泰、天地比壽、壽星高照、壽辰祥瑞、祿壽同高、福壽綿長、江河同壽、德門祥瑞、子孫賢孝等。

福如東海，壽比南山

　　「東海」在中國的神話故事裡，是一個出現機率很高的地方。古時候所說的「東海」，指的是現在的渤海、黃海和東海

的範圍。

　　和東海同樣出名的人物就是那裡的龍頭老大——東海龍王
敖廣。《西遊記》裡美猴王孫悟空佔了花果山，本領高強，就
是缺一件好兵器。於是去東海龍宮找龍王敖廣要好兵器，最後
拿走了如意金箍棒。由此不難看出，東海很富庶，是藏著奇珍
異寶的地方。

　　此外，民間還流傳著東海龍王的三公主幻化成人形，將鹹
澀的海水變為甘甜的泉水，救助遭遇旱災的百姓的傳說。人們
為了感激三公主，說幸福是東海給的，便有了「福如東海」這
句吉利話。其實，這類民間傳說很大程度上是後人的附會，但
毋庸置疑的是，東海自古以來就是中國人眼中的福地。「福如
東海」是說一個人的福氣像東海那麼大，如海水一樣奔流不絕。

壽山福海

　　再說南山。「壽比南山」中的「南山」，究竟是哪裡呢？有人說「南山」指的是南嶽衡山，在今日的湖南省衡陽市。衡山是佛教禪宗的發源地。《星經》裡說，掌管南嶽衡山的神仙是天上二十八星宿之一的軫星，掌管著人間眾生的壽命，所以衡山也叫「壽岳」。也有人說「南山」指的是終南山，在今日的秦嶺山脈。終南山是有名的道場，鍾靈毓秀、千峰碧屏、深谷幽雅，是一座特別有仙氣的山。這裡隱居著眾多修行者，出過不少高僧大德。

　　傳說中，道家聖人老子曾經在這裡講經論道，而老子也就是道教中供奉的太上老君。金庸武俠小說中所寫的全真教和古墓派所在的終南山，說的也是這裡。「古墓派」雖是金庸老先生杜撰的，但是王重陽、全真派和全真七子是真實存在的。

　　還有人說，「南山」是神話中南極仙翁所住的仙山，在蓬萊東海之處。總之，南山是聚集神仙、高僧、道士和壽星的地方，象徵著「長壽」。而南山上又長著不老不死、常年青碧的松樹，「壽比南山」是說人的壽命像南山那樣長久。人們在祝壽的時候，總是少不了這句話：「祝您老福如東海長流水，壽比南山不老松。」與此涵義相似的吉祥語還有福壽雙全，山壽福海、壽如南嶽、南山獻頌等。

天保九如

古時候，新的天子登基之後，臣子們為了表達忠心和仰慕之情，就會寫一些讚頌和祝賀的文章，拍拍馬屁。讚歌基本都是表達新的天子即位，是上天的安排，會給國家人民帶來福澤恩惠，上天會保佑國家百業興旺，國民安居樂業云云。

《詩經·小雅》中有一個名篇《天保》，就是這種歌功頌德的讚美詩。這首詩中，連著用了九個比喻，也稱「天保九如」，大意是上天的恩情如同山嶺、高山一樣時光綿延，如同山崗、丘陵那樣歲月永恆，像大海一般潮起潮落，像上弦月漸滿，像太陽東昇，像南山一樣有無窮無盡的壽數，像松柏一樣青蔥茂盛。這首詩寫得非常經典，把世間所有永恆不變的事物都寫出來祝福天子。天子肯定是非常高興的了，這個臣子也必然有前途，誰不喜歡聽讚歌呢。後世的人用這「天保九如」來祝福過大壽的老人福滿壽多，子孫綿延。

華封三祝

「華」是古代的一個地名，當時叫作「華州」。「華封三祝」的故事出自《莊子·外篇·天地》，大意是古時候，聖君堯

到處遊覽。某天，堯來到了華州。華州疆界的人仰慕堯的聖明，讚美他說：「聖人啊！我為你祝福。祝聖人長壽。」堯說：「不必了。」華州人又說：「祝聖人富有。」堯說：「不必了。」華州人又說：「祝聖人多生兒子。」堯還是回答說：「不必了。」華州人很不解，說：「長壽、富有、多生兒子是每個人都想要的，你卻不想要，為什麼呢？」堯卻說：「多生男丁會產生恐懼，富有會產生不必要的麻煩，活得太久就會受到屈辱。這三件事都不是增長德行的，因此我拒絕了你的祝福。」

　　其實人要清高也不是不可以，但是刻意的清高就帶著主觀願望，還是順其自然比較好。現在誰家辦壽宴，去參加的人祝

華封三祝

福老人說：祝您富有多福，健康長壽，子孫滿堂。至於接受祝福的壽星，一定高興得合不攏嘴，誰還會拒絕呢？

椿萱並茂

「椿」是指古代的一種香椿樹，在《莊子‧逍遙游》中，說上古時代有一棵大椿樹，以八千年為春季，八千年為秋季，壽命極長。

後來人們用「椿」、「椿樹」或者「椿庭」來代指男子、父親。「萱」是一種草本植物，《詩經》裡把「萱草」稱為「諼草」，認為這種萱草可以使人忘記憂愁，所以也叫「忘憂草」。

中國人極為重視孝道，認為「父母在，不遠遊」。因為父母會掛念孩子，產生憂愁。如果非要出門遠行，總要在母親居住的北堂種植萱草，讓母親忘卻憂傷，解除愁苦。後世用「萱」、「萱花」和「萱堂」來代指母親。如果專門給母親祝壽，可以祝：北堂萱茂、花燦金萱、萱花挺秀等。「椿萱」是對父母的含蓄尊稱，「椿萱並茂」是祝福父母身體康健，永遠年輕、長壽。與此涵義相似的祝詞有壽頌雙星、松柏同壽、松柏同春、松鶴遐齡、華堂偕老、天地永壽、日月同輝。

海屋添籌

古時候，人們過年的時候家裡要掛年畫。有一個年畫就叫「海屋添籌」，上面畫著大海祥雲，大海中央有一座樓閣，樓閣裡面放了一隻花瓶，裡面插了很多長條的籌碼；樓閣的外面，有一位神仙騎著仙鶴飛來，仙鶴的嘴裡還叼著籌碼。「海屋添籌」也稱「海屋添壽」，年畫的寓意是祝福人長壽多福，不僅百姓家裡喜歡貼，故宮也有這個壁畫，很多瓷器上也有這個圖。

宋代文豪蘇東坡所著的《東坡志林》記載著一個故事：在海外仙境，有三位鶴髮童顏的老神仙，他們在一起談天說地。問到了彼此的年齡，三人就開始吹牛。

第一位老人說：「吾年不可記，但憶少年時與盤古有舊。」意思是我記不得自己年齡多大了，但是我少年時的小夥伴叫盤古。盤古是誰？那是中國神話中開天闢地的父神。這位老爺子和盤古是「玩伴」，你說人家年紀大不大？

第二位老人也不示弱，說：「海水變桑田時，吾輒下一籌，爾來吾籌已滿十間屋。」意思就是每當滄海變成桑田時，我就放一個籌碼來記錄一次，從那時以來我的籌碼已經裝滿十間屋子了。大海變成桑田，幾十億年一次，人家老神仙的年齡就是

不可說，說也說不出。而這句話也是「海屋添籌」的由來。

　　第三位老人聽了前面兩位的話，一點兒沒被嚇到，人家說了：「吾所食蟠桃，棄其核於崑崙山下，今已與崑崙山齊矣。」

海屋添籌

意思是我吃王母的蟠桃，吃完了就把桃核扔到崑崙山腳下，而今這枚桃核長出的樹已與崑崙山一般高了。要知道王母的蟠桃，是幾千年熟一次。蟠桃會上，只有那些有頭有臉的神仙，才能吃上一兩個。這三個老神仙吹牛的故事演變成今天的這些祝壽吉詞，祝福老人長壽，便可以說：祝盤古同庚、海屋添籌、千歲之桃。

期頤之壽

期頤是百年、高壽的意思。因此祝願新婚夫婦「白頭偕老」，也可說「期頤偕老」。百歲的老人也被稱為「人瑞」。中國最著名的「人瑞」，當然要算彭祖了。

彭祖是黃帝的後代，從堯帝起，經歷了夏、商、周三朝，娶過四十九位妻子，生了五十四個兒子，史上記載活了

彭祖

一百四十多歲，神話傳說就誇張了點，說他活了八百八十多歲。彭祖長壽，和他養生有道密切相關。他自幼喜好恬靜無為，不追求名利，不執著世事，不愛打扮，每天就喜歡做做美食，以養生修身為正經事。

據說彭祖特別擅長一道菜，就是野雞湯。湯中加了不少有

益身體的中藥，堯帝因治理國家累病之後，沒有食慾，彭祖聽說後獻上了這味野雞湯，堯帝喝完之後立刻容光煥發，精神百倍。一個人活到百歲，自然是祥瑞之兆。所以祝福老人有「期頤之壽」，就是希望他們可以向彭祖學習，活到百歲之後。與此涵義相似的祝福語還有彭祖仙壽、百齡眉壽等。

蟠桃獻頌

　　民間相傳，農曆三月三日為西王母誕辰，當天西王母大開「蟠桃盛會」，以蟠桃宴請眾仙，眾仙趕來為她祝壽。《西遊記》裡寫到，孫悟空曾經被派去看管蟠桃園，那裡的蟠桃，小一點兒的要三千年才熟一次，人吃了成仙得道，體健身輕；大一點兒的要六千年一熟，人吃了霞舉飛昇，長生不老；最大的蟠桃要九千年熟一次，人吃了與天地齊壽、日月同庚。

　　所以王母的蟠桃會上請的都是有身分的佛祖、菩薩和神仙，一般的小仙吃不到。可見這蟠桃的珍貴，而蟠桃也因此被用於長壽的祝福。

　　清朝的名臣紀曉嵐，生平有很多奇聞逸事，其中有一個就和祝壽有關。某天，一個同朝為官的人要給老母親做大壽，請

了紀曉嵐。紀曉嵐的才名遠播，大家都請他為壽星作詩一首。紀曉嵐也不推辭，上來就寫了一句「這個女人不是人」，嚇得旁邊的人都面面相覷，氣得做壽的主人家臉黑得像鍋底一樣。紀曉嵐又接下去寫道「九天仙女下凡塵」，眾人鬆了一口氣，鼓掌叫好。紀曉嵐又寫「生個兒子卻做賊」，宴會主人勃然大怒，四座咋舌，不敢言語，都不知道紀曉嵐這葫蘆裡賣的是什麼藥。頓了一下，紀曉嵐又從容地寫道「偷得蟠桃獻娘親」，一眾開顏，歡笑舉杯。

　　說起來，只有才子有能耐弄這樣的玄虛，一般人還是不要嘗試為妙，免得被打。用「蟠桃獻頌」來祝福主人多壽，是非常恰當的；如果做壽的是年長女性，可以賀「王母長生，蟠桃獻頌」，保證讓主客開懷，也顯得與眾不同。

蟠桃獻頌

❀ 開業典──「商」之興 ❀

　　中國的商人最早出現在殷商時，但只是處於萌芽階段。春秋戰國時期，歷史上有名的富商大賈，如陶朱、猗頓、計然、白圭、呂不韋，都相繼出現了。南宋時出現了徽商，強調「財自道生，利緣義取」；明清時晉商興起，秉承「公平、勤儉、本分、守信」的信條，各領風騷數百年。

　　即便如此，在中國古代，商人的地位也不高。士農工商，商人位於「四民」之末。但商人的存在，始終是不可或缺的一部分，方便著人們的日常生活，點綴著市井風情。過去的銀號、酒樓、商舖開業，首先要選個吉利的日子，邀請社會賢達、當地官員、親朋好友、同行名流來參加開業慶典。開業當天要祭財神、放鞭炮、請貴賓剪綵、擺酒宴，有財力的還會舞獅助興，辦一些店舖優惠活動增加人氣；如果是酒樓、飯館開業，還要祭拜灶王爺。

　　現代社會，商業興盛。酒樓、飯店、各式商舖和公司林立，多不勝數。參加開業典禮，幾乎已成了人們日常生活中較為常見的事情。開業典禮的賀禮並無特殊規定，風水擺件、招財貓、

吐錢蟾蜍等都是不錯的選擇。大多數人選擇送花籃，紅帶上寫著一些美好祝詞和吉利話，擺在商舖門前供人觀賞，不僅有面子，還喜慶美觀。

生意好、多賺錢是每一個生意人的願望，看過去的商舖，現在還存在的百年老字號，起的店名都帶著吉利的字詞，以討綵頭。如廣昌隆、寶芝林、同盛祥、全聚德、東來順、瑞蚨祥、吳裕泰、同仁堂、榮寶齋、盛錫福等無不如此。現在的店名雖然以個性為主，但「吉利」二字是萬萬少不了的。

四字對仗的吉祥話：

開張之喜，生意興隆；吉星高照，財運亨通；富貴吉祥，招財進寶；賓客如雲，福開新運；華堂煥彩，日久彌新；蓬勃發展，興業長新；蒸蒸日上，紅紅火火；興旺發達，開張大吉；財源滾滾，如日中天；幽香拂面，紫氣兆祥；大展宏圖，紅運高照；吉祥開業，生意興隆；開業之喜，生意興旺；吉祥開業，大富啟源；永隆大業，昌裕後人；隆聲援布，興業長新；公平有德，和氣致祥；宏圖大展，裕業有孚；鴻基始創，駿業日新。

對聯形式的吉祥話：

生意似春筍，財源如春潮；生意春前草，財源雨後泉；生

意如春濃，財源似水來；事業大成就，生意更長久；昌期開景運，泰象啟陽春；恆心有恆業，隆德享隆名；一點公心平似水，十分生意穩如山；東風利市春來有象，生意興隆日進無疆；根深葉茂無疆業，源遠流長有道財；友以義交情可久，財從道取利方長；門迎曉日財源廣，戶納春風喜慶多；生意如同春意滿，財源更比流水長；財源滾滾達三江，生意興隆通四海。

寓意文雅的吉祥話：

秉管鮑精神，因商作戰；富陶朱學術，到處皆春。

經之，營之，財恆足矣；悠也，久也，利莫大焉。

相宅而居，駿業開張安樂土；多財善賈，鴻名共仰大商家。

開業興隆，財興旺；財源茂盛，達八方。

事業順利，福高照；日進斗金，門庭鬧。

專門用於酒樓、飯店、賓館的祝詞：

廣聚天下客，一攬八方財。

水陸兼呈皆上品，賓朋盡興共加餐。

無人不道佳餚美，有客常來滿座香。

有名店店有名名揚天下，迎賓樓樓迎賓樓滿一堂。

廚下烹鮮，門庭成市開華宴；天宮擺酒，仙女飲樽醉廣寒。

近悅遠來

喜歡看武俠小說的人大概都知道，「悅來客棧」是一個比較常見的客棧名。武俠小說中的「悅來客棧」，常常有英雄俠客光顧。黃昏落日下，瘦馬西風中，走進一位風塵僕僕、滿面塵霜的俠士，豪情灑脫地吼道：「小二，來壺燒酒，切二斤牛肉！」專門盛酒的青瓷海碗倒滿陳年的女兒紅。而後，大快朵頤，豪情萬千。事實上，過去民間客棧門外的幌子上經常會寫著「安寓客商，仁宦行台」或者「近悅遠來，賓至如歸」的字樣。

「近悅遠來」最初源於《論語》。春秋時期，楚國大夫沈諸梁被封於「葉」這個地方，故此被稱為葉公。孔子周遊列國，來到楚國的葉邑，葉公向他請教怎樣治理一個地方。孔子回答：「近者悅，遠者來。」意思是要先讓葉邑境內的人民歡悅無怨，於是遠處的人就會慕名前來投奔。

引申到做生意上，就是近處的鄉鄰得到好處而高興，遠方的客人就會聞風前來。把生意和店舖做大做好，不僅方便和造福了住在周圍的人，所謂「酒香不怕巷子深」，遠處的人聽聞後也會來嘗試一下。恭祝酒店或者飯店開張，比較適合用「近悅遠來」這樣的吉祥祝詞。

大富啟源

俗話說，「小富由儉，大富由天」。意思是要發小財，往往靠省吃儉用地過日子，就可以達到。但是要發大財，光靠節儉是遠遠不夠的，那要靠機遇。其實，任何事都有一個「由小漸大，由大到巨」的過程。「不積跬步，無以至千里」，古代沒有火車，更沒有飛機。出遠門經商、科考，很多人都是靠步行，沒有一步步的累積，又怎麼可能到達千里之外呢？

過去有個懶漢，老婆要回娘家。懶漢什麼也不會做，老婆擔心他會餓著，就做了一張很大的麵餅套在懶漢的脖子上。只要他餓了，低下頭就能咬到餅，這樣就不會餓死。老婆從娘家回來之後，卻意外地發現懶漢餓死在炕頭。原來，懶漢把面前的餅啃完之後，懶得把脖子後面的餅轉過來咬，於是被活活餓死了。

故事雖然誇張，但說明了一個道理，別人給你機會，你也要給自己機會才行。要想「大富」，確實要看天命，看機遇。但是首先要創造機遇，給自己一個機會，讓巨大的財富有一個源頭。先開小店舖，做大之後再開連鎖店，然後推廣到全國，這樣的商業成功案例並不少見。「大富啟源」就是說，現在已

經找到了財富之門的鑰匙，接下來只要認真去實踐，就將有源源不絕的巨大財富進入腰包裡了。

東風利市

　　從字面上看，「東風」二字本不必解釋，就是從東方吹來的風。但「東風」在中國文化中所蘊含的意義，就比較豐富了。南唐後主，曾經填了一首《虞美人》，其中有一句「小樓昨夜又東風」，用對「東風」的懷念和感慨來表達對故國的思念。三國時代，諸葛亮在赤壁之戰中曾經「借東風」，才使得火攻的連環計得以成功，蜀吳聯軍大敗曹操。這關鍵的一場東風，曾經急死了周瑜，並決定了赤壁之戰的最終勝負，也促成了「三國鼎立」格局的形成。「東風」在此，不可謂不關鍵，所蘊含的意思更多是上天的眷顧，和對己方十分有利的外在趨勢和客觀條件。「東」字在五行中屬木，東風在四季中對應春天，所以東風有生發、欣欣向榮和積極向上的寓意。東風是春天的使者，帶來了萬物的復甦和蓬勃的生命力。

　　對於開業的商家來說，「東風」並不是真正的風，而是一種商業機遇，是週遭環境和商品市場上形成的良好趨勢，是一

種對自己有利的時機。「東風利市」是典型的開業祝詞，是祝願開業的商舖和生意能夠發展順利，藉著「東風」的吉祥寓意，將事業做大、做強、做興旺。

秉管鮑精神，因商作戰；富陶朱學術，到處皆春

這句開業典的祝詞相對複雜，因為裡面包含著一籮筐的故事。「管鮑」說的是春秋時代的兩個名人，管仲和鮑叔牙。管仲與鮑叔牙少年相識，起初兩個人合夥做買賣。因為管仲家境貧寒，就出資少些，鮑叔牙富裕，便出資多些。兩人的生意做得不錯，可是有人發現，管仲用賺到的錢先還了自己欠的債務。這錢還沒入賬就給花了，更令人生氣的是，到了年底分紅時，鮑叔牙分給管仲一半的紅利，管仲也坦然接受。這可把鮑叔牙手下的人氣壞了，有個人對鮑叔牙說：「管仲出資少，平時的開銷又大，年底還照樣和您平分紅利，顯然他是個十分貪財的人。如果我是管仲的話，我一定不會厚著臉皮接受這些錢的。」

鮑叔牙斥責手下說：「你們滿腦子裝的都是錢，就沒發現管仲的家裡十分困難嗎？他比我更需要錢，我和他合夥做生意，就是想要幫幫他，我情願這樣做，此事你們以後不要再提了。」

鮑叔牙不僅在生意上關照管仲，後來兩個人分事二主，在管仲要被砍頭的關鍵時刻，還救了他一命。鮑叔牙向齊桓公極力推薦管仲，後來造就了「春秋第一名相」管仲，輔佐齊桓公成為春秋第一霸主。

「管鮑精神」的意思是與人合夥做生意要選心地純良的夥伴。在相處和分工的過程中，要重視人品和內心，重視事業的長遠發展，不要只顧眼前利益。只有這樣才能取得遠大的成功。

「陶朱」說的是春秋末期的名士范蠡。范蠡陪著越王勾踐在吳國當過奴隸，回到越國後又幫助他復國，並最終助越王滅了吳國。范蠡的神奇不僅在於他的政治手腕，還在於他能「急流勇退」。滅吳之後，范蠡化名隱退。在隱退期間，范蠡運用自己善於經商的手腕和頭腦，經商三次，都賺了巨額利潤，成為天下豪富，但他並不拘泥於守財，而是把錢財都分給窮苦百姓，稱自己為「陶朱公」，被後世的人奉為「財神」。

「富陶朱學術，到處皆春」是說，范蠡這個人頭腦靈活，不管做任何事都能風生水起，走到哪都能如沐春風，成功發財。這裡所隱喻的意思是，做生意一要看好時機，二要懂得張弛有度，三要明白還富於民。這樣才會成為真正的贏家。

妙詞與美談

❀ 金榜題名時——飛躍 ❀

　　中國讀書人的成功時刻，正是在金榜題名時。自從科舉制度出現，考取功名已然成為了中國的莘莘學子們生命中最難以言喻的渴望。「金榜」就是古時候的皇榜，專門用來發佈科舉入圍人員名單的。古時由院試、鄉試、會試層層選拔出來的優等人才，通過了由皇帝主持的終極大考——「殿試」之後，名次揭曉。前三名分別為狀元、榜眼、探花，金榜上有名的人都稱「進士」，也叫「及第」；金榜上無名者則稱「落第」。

　　十年寒窗苦讀，為的就是金榜題名時的揚眉吐氣。經由帝王硃筆圈定的黃紙金榜，令無數學子魂牽夢縈。

　　現代社會，考試也是一種「鍍金」。學生們從中考開始一步步向上攀登，歷經高考、考研、考博，考公務員、考托福等等，種類更多，考試升學的重任與古人相比有過之而無不及。

　　在考試之前，為了鼓勵學子努力讀書，不可荒廢學業，可以用勸學的口吻，如：業精於勤而荒於嬉；讀書破萬卷，下筆如有神；天道酬勤；開卷有益；學而不厭。

　　考試成績已經公佈，那些幸運考中的學子，此時如果舉行

升學慶功宴，賓客們面對歡喜的學子家人應該說一些讚美和鼓勵的吉祥話，如名標金榜、雁塔題名、喜得連科、狀元及第、才高八斗、才華橫溢、大魁天下、魁星點斗、鳳毛麟角、出類拔萃、前程萬里、前途輝煌、鵬程萬里、鯉躍龍門等。

一甲一名

　　一甲一名也稱「大魁天下」，也就是中狀元的另一種表述。殿試一甲只選三個人，這三個人算是頂尖高手，那麼「一甲一名」就是高手中的高手，巔峰對決之後的「天下第一」。先不論才學是不是天下第一，但是考試名次天下第一的人，也絕對不是尋常人物。

　　在古代考試天才裡，有一個人以淵博的知識、崇高的氣節和一身忠肝義膽被後人譽為「狀元中的狀元」，他就是南宋的文天祥。據說文天祥考中狀元那年，才剛滿二十歲，可謂青年才俊。殿試當天，文天祥感冒發燒，病倒在床。但他一想到錯過此次機會就要再等三年，就帶病趕到考場。即便如此，文天祥的文章還是令考官和皇帝連連稱讚。當時的皇帝宋理宗說他是「天之祥，大宋之瑞」。後來元軍攻打南宋，身為宰相的文

天祥率兵抵抗，兵敗被俘後，不為敵軍的威逼利誘所動，寫下
《過零丁洋》，留下了「人生自古誰無死，留取丹心照汗青」
的千古名句。

　　民間年畫中，常以鴨子或者螃蟹來喻示中狀元，鴨子和
「甲」有偏旁的類似和發音上的諧音；螃蟹的甲殼寓意「一甲」。
當了狀元之後，敲鑼打鼓地開道，衣錦還鄉，威武榮耀，也像
是螃蟹一樣，可以橫著走了。

魁星點斗

　　通俗一點來說，魁星就是「考試神」、「官運神」。在民
間傳說裡，魁星面目猙獰，金身青面，赤髮環眼，頭上長角。
有人說，魁星其實就是擅長捉鬼的鍾馗；也有人說，魁星本是
天上的星君。眾口不一，但魁星能夠保佑儒士學子的考運，這
點倒是很明確。俗話說：「魁星點鬥，獨佔鰲頭。」在民間流
傳的「魁星點斗」吉祥畫中，魁星一手拿鬥，一手拿筆，金雞
獨立地站在海中大鰲的頭頂上，一隻腳向後翹起，手中之筆點
向空中之鬥。據說，魁星手中所拿的是一支神筆，被這支筆點
中的人，文運、官運就都跟著來了，能夠在考試時高居榜首，

仕途順利。

魁星點斗

狀元及第

　　明清時代，殿試的一甲前三名被皇帝賜予「進士及第」出身，第一名被賜予「狀元及第」出身。每一個考試的士子，都曾經做過「一甲一名」的美夢。新科狀元經過殿試欽點之後，有一個令人期待的「誇官」儀式。

　　所謂「誇官」，就是由吏部、禮部官員捧著聖旨，官兵鳴鑼開道，狀元郎身穿紅袍、帽插宮花，騎著高頭駿馬，在皇城御街上走過，一路上接受萬民的朝賀。那些民間女子看見風度翩翩的狀元郎，不由得芳心暗許，媚眼和鮮花一個勁兒地拋過

去。別說是民間女子，就連公主也傾心狀元郎。如唐朝的鄭顥，就是有記載的「狀元駙馬」。鄭顥本來已經在老家訂婚，有一位青梅竹馬的未婚妻。但他長得英俊瀟灑又才華橫溢，被皇帝強行「拉郎配」，後來鄭顥無奈退婚，娶了唐宣宗的女兒萬壽公主。

狀元及第

　　像這等「誇官」和做駙馬的榮耀，對於平民出身的學子來說，無疑是一種極大的誘惑。即便是現在，也經常有媒體大肆宣揚某某省高考狀元、全國高考狀元，狀元們無疑是父母和當地鄉親的驕傲。「狀元及第」是學子在贏取功名的過程中拔得頭籌的終極願望。

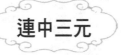

連中三元

　　所謂「三元」，就是三次考試連得第一，類似於現代比賽

中的「三冠王」。在明清時期，鄉試考中的人被稱為舉人，舉人中的第一名叫作「解元」；會試考中的被稱為貢士，貢士中的第一名叫作「會元」；殿試考中的被稱為進士，進士中的第一名就是「狀元」了。連中三元，就是指一個人在鄉試、會試和殿試中全部都是第一名。

按照常理，能得一個第一就很不容易了，何況三連中。雖然戲曲中常常出現寒窗苦讀的主人公「連中三元」的佳話，但在古代的科舉考生中，「連中三元」是非常罕見的。在中國歷

連中三元

史上，連中三元的只有十幾人。第一個獲此殊榮的人，是明朝洪武年間的禮部侍郎黃觀。這位老兄太厲害了，不僅連中三元，而且六次考試均獲第一，被朱元璋欽點為一甲一名。當時的人稱讚他：「三元天下有，六首世間無。」人們用「連中三元」來祝福學子在學業仕途上順遂通達。吉祥圖案是寶盒上放著三隻大金元寶，或者盤中盛著三個桂圓。

蟾宮折桂

　　「蟾宮」是月宮的別稱。「蟾宮折桂」的典故出自於晉朝的博學之士郤詵和晉武帝的一次對話。有人向晉武帝推薦郤詵

蟾宮折桂

當官，晉武帝很會用人，他讓郤詵做一個自我評價。郤詵也不客氣，說自己確實是個當官的人才，就像月宮的一段桂枝，崑崙山上的一塊寶玉。崑崙玉價值連城，這且不說，月中的桂枝，可望而不可得。晉武帝看這個人口氣這麼大，就委以重任，而郤詵也以實際行動證明自己確實很有才能。這件事後來傳得沸沸揚揚，後世就用月宮的桂樹枝指代稀世的珍寶，比喻出眾的人才。

中秋節的月亮最好，女子拜月求容顏美麗，早日覓得佳婿。有些地方的男子也拜月，不過卻是為了功名。宋末《醉翁談錄》中記載：杭州城裡的人們，無論男女貧富，從剛能走路的孩童到十二三歲的少年，都要穿上成人的服飾，在高處樓台或者庭院中焚香拜月。追求功名的男人默禱「早步蟾宮，高攀仙桂」，即金榜題名，科舉成功。

魚躍龍門

黃河故道上的老人們說，黃河邊上的打魚人都遵守著一個古老的規矩，如果撈到紅鯉魚，就要立即放回河中。傳說這種金紅色的鯉魚，是龍魚的化身。

　　很久以前，有一群魚想要離開黃河，到山對面的龍門湖裡生活。但是要到達龍門湖，就要躍過黃河激流上的龍門。眾魚均想，以自己渺小的力量，根本沒辦法躍過如此高的龍門。正無法可行的時候，一條強壯勇敢的紅鯉魚決定跳過龍門，牠使出全身力量，縱身一躍到雲中，此時，一團天火從身後追來，燒掉了牠的尾巴。紅鯉魚忍著疼痛，最終躍過了龍門。其他鯉魚看到紅鯉魚的尾巴被天火燒掉，嚇得畏縮不前。這時忽見天上飛來一條巨龍，原來那條紅鯉魚因為躍過龍門，所以化身為龍了。

魚躍龍門

　　後來，「鯉魚躍龍門」的美好寓意被嫁接到科舉考試中，學子們通過科舉考試，就好比鯉魚躍過龍門一般，都是極難通過的，必然要經過多年的苦讀和磨煉，如同天火的灼燒一般，最終化身為龍。古時候，科考考場的入口橫楣上題有「龍門」二字，就是預祝參加考試的學子能夠一舉成名天下知，博得功名，如魚化龍。根據這個傳說，唐代的舉人考中了進士之後，都會舉行盛宴，席間一定要吃「燒鯉魚」這道菜，進士們戲稱自己是「燒尾」，意思是在座的各位進士都是被「天火燒過尾巴的」，此宴也被稱為「燒尾宴」。

杏林春燕

　　古代科舉的殿試一般都在三、四月份，而此時正值早春時節，杏花開得艷美動人，考中的人心情喜悅，看到這滿園杏花更覺美好，所以杏花又被人稱為「及第之花」。殿試結束之後，皇帝會賜宴，宴請所有高中進士的優秀人才。「燕」與「宴」諧音，所以「杏林春燕」被引申為科考成功、進士及第的意思。

　　考中的進士們意氣風發，自然覺得很得意，讀書時的辛苦也覺得值得了。但其實最高興的人，不是進士們，而是皇帝。

皇帝通過科舉考試，招攬了一群優秀的「天子門生」，怎能不開心呢？對比現代而言，科舉考試更難考，許多考生白了少年頭也未能如願。難怪唐太宗李世民看到考生們走進考場時，得意地說：「天下英雄盡入吾彀矣。」

杏林春燕

喜得連科

「喜得連科」是一個諧音吉祥祝福語。吉祥畫上畫著一隻喜鵲，正落於蓮蓬上啄其果實，旁有蘆草棵棵相連。在民間傳說中，喜鵲是報喜的吉祥鳥，「喜」為喜鵲的頭一個字，「蓮」

與「連」同音、同聲，蓮蓬的顆粒的「顆」字與「科」同音、同聲，所以「蓮顆」含有「連科」之意。「喜得連科」的寓意是學子應試連連取得好成績，每一個階段都順利考中。與此涵義相似的還有「一路連科」和「路路連科」，吉祥畫上所畫的是白鷺和蓮花。

喜得連科

鳳毛麟角

鳳凰和麒麟都是古代的靈獸，珍奇難見。鳳凰本來是傳說中的神鳥，來去無影，要得到鳳凰身上的羽毛，比從老虎嘴裡拔牙難得多，那幾乎是不可能的事情；麒麟也是上古靈獸，外形像鹿，頭像龍，有一對角，全身鱗甲，尾像牛尾。人們用鳳凰身上的羽毛、麒麟頭上的角來形容十分稀有的事物和難得一見的人才。就好比天上的星星，能看見卻摘不到。

南朝時期，著名詩人謝靈運的孫子謝超宗很有才學，他擔任新安王劉子鸞的常侍，特別擅長寫各種文告。孝武帝看了他的文筆，半真半假地開玩笑，誇獎謝超宗有「鳳毛」。右衛將軍劉道隆是個武夫，也沒什麼文化，聽孝武帝誇謝超宗有鳳毛，以為是真事兒，心說這鳳毛可是個稀罕物，於是真到謝家去找，結果當然是沒找到了。因為孝武帝所說的「鳳毛」，就是誇謝超宗有才學。

雁塔題名

「雁塔」指的是西安慈恩寺中的大雁塔。唐朝的時候，一個名叫張莒的進士在慈恩寺遊玩的時候，一時興起，把自己的名字寫在了大雁塔下面的牆壁上，就像現在有些遊人喜歡在景點亂寫「某某到此一遊」。張莒的行為本來是應該受到批評的，沒想到卻引得文人效仿。新科進士們集體跑來大雁塔題名，什麼姓名、籍貫、中進士的時間，統統都寫上。這還不夠，還要在上面吟詩作畫，直把大雁塔的白牆塗鴉到了沒有可寫的地方才罷了。後世用「雁塔題名」的典故來寓意科舉高中，考試成功。

❧❧　調職晉升時──發達　❧❧

對於整個人生來講，「金榜題名」只能算是學業的一時成就。就拿古代的讀書人來說，院試中考出來的秀才們，雖然名為知識分子，見了縣官可以不下跪，有了點兒小小的特權。但是當官還是沒門兒的。繼續鄉試，中榜之後便是舉人。

魯迅先生的《阿 Q 正傳》裡，趙太爺在鄉間很厲害，雖然是讓阿 Q 做夢都羨慕的舉人，不過要想當官，仍舊機會渺茫。舉人當官也不是完全沒有，等到某縣的官員不幸逝世，也許可以補一個缺，但是有多少人都緊盯著這塊肥肉。當官最後的希望在於會試和殿試，只有進士出身，才可以候補官員，而且還是五品以下的小官。當了官之後，還要做出成績來，才有機會升遷。所以說，金榜題名只是一個開始，是事業的起步。

現代社會，哪怕大學、研究生畢業後的精英學生也要經過長期的職場磨煉，從基層和底層做起，若能被上司賞識，抓住機會得以調職高升，那是第一得意美事，自然要慶賀一番。

參加朋友的晉職喜宴，吉祥話則應以祝福其未來前途高遠、才華得以施展為主題，如展驥之遷、平步青雲、立身揚名、

一飛沖天、步步高陞、英才得展、一鳴驚人、飛黃騰達、大展宏圖、長風破浪、任重道遠、鵬程萬里等。

如果是下屬祝賀上司高昇，可以賀：功績卓著、高瞻遠矚、豐功偉績、錦上添花、厚德載物、德隆望重等。

如果是長輩祝賀晚輩晉職，可祝：光大門楣、初入雲梯、北辰星拱、廊廟之器。

平步青雲

平步青雲

「青雲」是吉祥之兆，青雲祥集是國君仁義有道的象徵。後世將仕途得意、連登高位稱為「干青雲而直上」。「平步青雲」即從此處得來，走路的時候一腳踏出去，發現自己竟然走到了青雲之上，有點像孫悟空的觔斗雲，一個觔斗就到了十萬

八千里以外。用來祝賀一個人仕途順利，升遷迅捷，今天還是
公司裡的一個小職員，第二天卻當上了主管。在眾人眼裡，就
好像坐了直升機，一下子高昇。《紅樓夢》裡的薛寶釵寫詩道：
「好風憑借力，送我上青雲。」寫的是風箏，同時表達了一個
閨閣女子不一樣的寬闊胸襟和抱負。新年吉祥畫「平步青雲」，
畫的便是一個小孩兒在原野裡開心地放風箏。與此相似的祝福
語還有平步青霄、青雲得路等。

展驥之遷

　　一匹駿馬要跑起來，在小小的院子裡是沒辦法的，一定要
在遼闊的草原、寬廣的大路上。「展驥」用以比喻一個人能夠
完全發揮潛力，在工作中放開手腳，充分展示自己的能力與實
力。「展驥之遷」是指升遷到了一個可以施展自己才能的工作
職位。

　　《三國誌》中的鳳雛先生龐統因為長相比較難看，每次去
投奔一個主公都不得重用。那些一方諸侯也都以貌取人，看到
長得醜的就不愛搭理；看到長得順眼的就覺得一表人才。不過
龐統雖醜卻有真才實學。最初劉備只給了龐統一個小小的縣令

做，後來龐統的能力折服了前來檢查工作的張飛等人，於是被奉為軍師，與諸葛亮平起平坐。魯肅和諸葛亮都曾稱讚龐統是國之大器，應委以重任，才能讓這位鳳雛先生施展才能。

立身揚名

　　古人比較重視男丁，認為女人只要溫柔賢惠，在家中相夫教子即可，而男人則要出去幹一番事業。事業對於男人來說，似乎是在家說話大聲、應酬交際時膽氣壯的條件。聖人孔子說，三十而立。意思是說，人在三十歲的時候，應該對自身有一個比較明確的瞭解，有一個成熟的自我認識。簡單來說，就是說要知道該做點兒什麼事。事業也許不一定能做成，但是生命一定要有獨立的思想和重量。

　　「立身揚名」和「三十而立」有相同的內涵，即祝福此人在社會上有相當的地位，聲名遠揚，創建一份功業。

飛黃騰達

　　「飛黃」是一種傳說中的神馬，馬中之王，也叫「乘黃」。狐狸臉，背上長角，能活千年。記載中的飛黃，最初並不是馬，

而是一種神獸。天子打獵的時候發現有一隻奇異的靈獸飛騰在空中，身體是金黃色，像一隻長著翅膀的老虎。跟隨的大臣有見多識廣的，就稟告天子，這是「飛黃」，一種預示國家興盛的神獸。「飛黃騰達」原本寫作「飛黃騰踏」，最初就是描述神馬騰空上升的樣子，後世用於比喻仕途得志，官職地位高升得很快。

飛黃騰達

步步登高

中國人有句勵志的俗語叫作「人往高處走，水往低處流」，登高才能望遠，登高才能有「會當凌絕頂，一覽眾山小」的雄心壯志。人們把在現代職場中的打拼稱為「攀高峰」，一步一步地向高處攀爬。如同熱銷小說《杜拉拉升職記》裡的杜拉拉，

先是一個初出茅廬的菜鳥，透過小心做人，用心做事，一步步走上了高管的位置。

「步步登高」多用來形容仕途順利，職位不斷高升。不過人們在向高峰攀爬的時候往往忽略了一件事，那就是「高處不勝寒」，登高不忘調整身心狀態，登高不忘固本，這樣才不會上得快，落得也快。與此相似的吉祥話還有：步步高陞、扶搖直上、一步登天、青雲直上。

錦上添花

「錦」字拆開來是「金帛」二字，光是看這兩個字就會覺得很貴重值錢了。「錦」起源於中國，已經有上千年的歷史，《詩經》中就有「錦衣狐裘」的字樣。在這種絲織錦緞上再繡上花，

錦上添花

那麼就更為漂亮難得了。「錦上添花」比喻美上添美。晉職升遷一般都是在原本條件就不錯的基礎上更進一步，也可以用於祝福升職者好上加好。

官上加官

本來就是個官兒，又兼任別的肥差，或者在原來的基礎上又高昇一級，就叫作「官上加官」了。吉祥話以諧音、會意構圖：如雄雞和雞冠花，雄雞有冠子，雞冠花形狀也如雞冠，雄雞站在雞冠花上，就是「官上加官」。還有雞冠花與蟈蟈畫在一塊，「冠」與「蟈」都和「官」的發音相近，用於祝福仕途順遂通達。

官上加官

加官晉爵

「加官晉爵」是人們對升官的願望比較直接的表達。爵位是古時候一種身分的象徵，公、侯、伯、子、男、親王、郡王等，都屬於爵位的一種，中國歷朝歷代所採用的爵位制度都不盡相同。歐洲一些國家直到現在仍然保留著爵位的稱呼，如公爵、男爵等。

加官晉爵

但在當代西方社會，爵位只是一種榮耀的存在。加官就是指升官，在古代只有官職沒有爵位的人有很多，當官之後還能被加封爵位的人，那就是皇家對臣子的莫大的恩寵了，臣子是一定要高呼「皇恩浩蕩」的。後世用這個詞來形容一個人職位得到了提高，待遇也變得更加優厚的職業狀態。與此相似的吉祥話還有尊官厚祿等。

紆朱懷金

「紆朱懷金」的意思就是佩戴朱綬，懷揣金印。形容身居官位，拿著官印的人。舊時的官員上任，財物可以丟，有一樣東西一定要保護好，那就是官印。官印相當於現在政府部門的公章，不管發佈什麼消息和命令，一定要蓋上官印方能承認其效力。偏僻之地的官員去上任，地方的衙役下屬只認官印不認人。民間的傳奇故事中有不少這種偷官印冒充的事。

《西遊記》裡，唐僧之父陳光蕊本來是狀元郎，去江州上任的路上被水賊劉洪殺死，奪了官印文書，搶走唐僧的美女老媽——宰相小姐殷溫嬌，自己跑去當官了，冒充朝廷命官十八年沒有被發現。後世用「紆朱懷金」來代指官員。

長風破浪

古人對大海有一種敬畏感，出海遠洋是一件十分不得了的事情。唐代的時候，日本遣唐的留學生阿倍仲麻呂，很有才華，受到唐玄宗的賞識，賜名朝衡，於是留在中國做官。到了晚年朝衡想家了，就跟著日本遣唐使的船回日本，結果因為風向沒掌握好，出海技術也不行，船沒回到日本，遇到風暴觸礁了。

當時傳回消息說朝衡不幸遇難，李白和王維哭得死去活來，李白還特地寫詩祭朝衡。所以，能夠「長風破浪」的人都是有遠大志向、不怕困難的英雄，很有膽氣。人們常把官場比喻為「宦海」，在宦海中浮沉，也要有長風破浪的魄力。

廊廟之器

「廊廟」狹義說是指朝廷、政府，廣義說可以指國家、民族。「廊廟之器」便是能肩負朝廷和國家重任的人才。廊廟之器是對一個人的能力和德行的讚美和肯定，當官不難，但是能被稱為國家棟樑的一定是有遠大理想和高尚抱負的人。可以用范仲淹的「先天下之憂而憂，後天下之樂而樂」來形容，如那些兩袖清風的清官、品德高尚的政治家等，做出對百姓有好處的事情，為人民服務，這樣的人才有資格被稱為「廊廟之器」。

玉堂金馬

「玉堂」是指玉堂殿，是漢代未央宮的屬殿；「金馬」是漢代宮門的名字，也叫作「金門」。「玉堂金馬」後來又代指翰林院，既有富貴顯達出入，又有書香文墨的氣息。《紅樓夢》

裡的門子向新上任的縣太爺賈雨村介紹當地的「護官符」，其中對賈家的描述就是「白玉為堂金作馬」，意思是人家是書香門第，又是豪富大族，權勢熏天。用「玉堂金馬」可以恭維晉職者成為社會名流權貴，發展勢頭讓人看好。

春風得意

「春風得意馬蹄疾，一日看盡長安花。」這是唐代詩人孟郊《登科後》中的名句。所謂「登科後」，就是考中進士之後。孟郊出身寒門，多次進士考試都不中，一直到了四十六歲的時候，終於考取了進士。那心情，肯定是揚眉吐氣。

多年的夙願終於實現，春風和煦，春花迷人，孟郊大叔騎著馬逛長安城，春風都跟著他的心情變得得意起來。孟郊大叔太興奮了，自以為只一天就看盡了長安的每一處園林美景。就像一個愛美的女人發了財，拿著信用卡瘋狂購物，一天逛遍了上海的所有大商場一樣。後人就用「春風得意」來形容仕途順利，功成名就。常見的吉祥圖案是畫一小孩騎馬放風箏，也有僅畫放風箏的。

一飛沖天

　　韓非子曾經稱讚過一種鳥，這個鳥平時蹲在地上，也沒人見過牠飛，誰知道一飛就飛到雲霄之上；也沒人見過這種鳥鳴叫，誰知道一叫起來，聲音大得驚人。以為不會跑，結果一跑變劉翔；以為不會唱歌，結果一開嗓歌聲嘹亮，可以媲美帕瓦羅蒂。這種落差式的比較形容一個平時默默無聞、沒有特殊表現的人，一下子做出了驚人的成績。這樣的人，往往很低調，平時的沉默是在蓄積力量，等到了關鍵時刻，一衝就上去了。此類人不出頭則已，一出頭肯定是要被主管重視的，晉職機會五顆星。

❈　喜遷新居時──吉順　❈

　　新居的關鍵在於「新」，人們買新衣、新鞋、新的用品，都有一種莫名的興奮感。家對人來說是最重要的環境，新居即新家。新居的建立，可能要耗費眾多的人力、物力，但是每一個家庭都願意為此辛苦。羅馬建成，自然是歡歡喜喜地搬進去，換了一個環境，換了一種心境，也換了一種生活的可能性。

　　「吉日喬遷，福祺百年。」舊時的人家，不論是鄉鎮百姓還是達官顯貴，建房築園，搬家喬遷，一般都要請風水先生來看看──地形位置，房間設置，最重要的是擇吉日搬遷。現代人也是如此。遷居之前，房子打掃乾淨，傢俱擺放妥當，鍋碗瓢盆都準備好，也要選好日子，在新家第一次開火做飯，請親朋友鄰來聚餐一番，北方人叫作「燎鍋底」，南方叫作「搬新屋」。通過聚餐慶祝，大家歡聲笑語，共同祝福，把壞運氣丟棄掉，把喜氣、財氣一齊帶進新屋來。被邀請去祝賀的人，一般都應該攜帶禮物，煙酒糖茶、家用廚具、床上用品、藝術裝飾、吉祥擺件、字畫書法等都可以。

　　祝賀的吉祥話如喬遷大吉、喬遷嘉慶、捨移福至、室遷運

通、新居興旺、五福臨門、戶拱三星、福星耀堂、祥雲繞屋、瑞氣雲集、瑞氣盈堂、福地傑人、人傑地靈、金玉滿堂、丁興財旺、鶯遷喬木、燕入高樓、一門瑞氣、萬里和風等。

專門稱讚主人家的屋子漂亮，地理位置好，可以說：造屋儲福、向陽門第、風和朝陽、煥然一新、美輪美奐、房成福鑄、新基鼎定、堂構更新、堂開華廈、華廈開新等。

五福臨門

搬入新家的人們，都喜歡在家中的窗戶或者門上貼一個福字。人們到了一個新的住所，先要拜拜這裡的土地神仙，好保佑在新居的日子裡吉祥平安，福氣多多。

五福臨門

　　所謂「五福」，便是指長壽、富貴、康寧、好德、善終。「長壽」並不只是活得時間久而已，而是活得久而又不生病痛，也就是命不夭折且福壽綿長，這是很難得的事情；「富貴」就是地位尊貴、受人仰慕而又錢財富足；「康寧」就是身體健康，心靈安靜平和；「好德」就是生性仁慈善良，常常做善事；「善終」就更了不得，能預先知道自己什麼時候歸天，臨終的時候，不遭橫禍，沒有疾病痛苦，心中了無牽掛、心安理得、安詳自在地離開人世。這個「五福」包含了全面、完美的人生願望，真正能享受這五種福分的人，和神仙也沒什麼區別了。

　　也有另外的說法，認為「五福」是壽、富、貴、安樂、子孫眾多。這個就比較自私了，沒有了「好德」和「善終」，福氣都是對自己好的事，只是現世的物質享受而已，善事也不做，不管良心是否安寧，更不去管別人死活，只要自己有錢命長，子孫後代都有福，就 OK 了。這個不是「五福」，而是「折福」。一個人眼裡只有自己，只顧自己快樂逍遙，就永遠不會懂得生命的意義。

　　與此涵義相似的吉祥話還有戶拱三星、福星耀堂，「戶拱三星」的意思就是家裡有福祿壽三位老神仙降臨，罩著家中成

員，這三位老神仙一來，要什麼有什麼，求什麼得什麼；「福星耀堂」就是福星降臨在家中的堂上，有福星保佑、萬事亨通之意。

祥雲繞屋

在古人看來，因為「雲行天空」，所以才有了天。古代傳說中，雲中有神。屈原在《楚辭》裡所寫的「雲中君」，便是雲中之神，主管行雨。雲中還有梯子，叫作「雲梯」，是仙人升天的路；雲又是龍的另一種變化，撒播雨露給人間眾生。總之，神奇美妙、變幻莫測的雲，在人們的聯想和傳說中，總是和神仙菩薩有關。每每有神仙菩薩降臨，腳下必然踩著一朵五色祥雲。

「五色祥雲」本是道教說法，指青、黃、赤、白、黑五種顏色，分別對應「五行」。電影《大話西遊》裡的紫霞仙子憧憬心上人的到來，說：「我的心上人是一個蓋世英雄，有一天他會駕著七彩祥雲來娶我……」

雲的神祕和吉祥，讓中國人從周代開始，就流行以「雲紋」為裝飾，常見於錦緞、裝飾、建築等。有流雲、卷雲、朵雲、

團雲、祥雲、四合雲、如意雲、雲氣紋等等。佛教傳入中國之後，雲紋得到了更廣泛的應用。寺廟建築、佛像雕塑、經幡禮器以及僧侶法衣上都有雲紋裝飾，並對宮廷、官府和民間產生了一定的影響。

　　縱觀歷代織繡品實物，漢代以卷雲、流雲和雲氣紋為主，唐宋時崇尚團雲和祥雲，明清時則流行四合雲和如意雲，這些雲紋除了被單獨使用外，還常與蝙蝠、八寶、卍字組合成吉祥紋路。「祥雲繞屋宇，喜氣盈門庭。」雲彩旖旎壯美，流連婉轉，呈現出吉祥的氣氛，故而稱之為祥雲。「祥雲繞屋」寓意吉祥圍繞盤旋於新居，給主人帶來好運。

良禽擇木

　　現代人收到朋友新居落成、邀請聚餐的宴席，常常苦惱於不知道該送什麼禮物。其實有一種喬遷禮物，既大方雅致，又寓意吉祥。那就是「鳳凰」或者「孔雀」的裝飾物或者裝飾畫。傳說孔雀是鳳凰所生，而鳳凰生在凡間即孔雀，俗語有「鳳凰不落無寶之地」的說法，老百姓也常說「孔雀落誰家，誰家就興旺」。鳳凰是一種非常高貴、吉祥又矜持的神鳥，只棲息在

梧桐樹上，別的樹理都不理。所以，梧桐樹就有祥瑞之兆。祝福喬遷的主人家「良禽擇木」，有兩層意思：一是說主人家如同鳳凰，很有風骨，更有福氣；二是說主人家選的這個新居非常棒，就如同鳳凰棲居的梧桐樹。

良禽擇木

金玉滿堂

　　民間百姓對幸福的要求很實在，幸福先要吃香的喝辣的，香的是肉，辣的是酒，酒足飯飽、小富即安就是老百姓的幸福。過去有一個笑話：鄉間的閒漢們聚在一起談天，說起皇帝每天吃什麼，大家就充分發揮想像力，說皇帝每天都吃油餅吧，一開抽屜，滿滿的都是油餅。富貴人家幸福的標準就不同了，但也離不開財富。

民間還有「金玉滿堂」的故事，說一個女子非常賢良，卻被吃喝嫖賭的無良丈夫給休了。女子很善良，被一家窮人收留，做了這家兒子的媳婦。結果這個女子是個有福有財之人，到了這家之後，在這家的房屋地下挖出來一箱子金元寶，就此發家致富。「金玉滿堂」就是祝福搬新家之後，主人家發大財；另外也有祝福主人家子孫出息，學識淵博的含意。

金玉滿堂

鶯遷喬木

「鶯遷喬木」這個詞來得比較古老，《詩經・小雅》中有一篇叫作「伐木」的文章，說一個人在砍樹，砍樹聲嚇得山谷裡面的鳥兒鳴叫著飛到大樹上面。字面上解釋就是黃鶯搬家，從深幽的谷底搬到高大的樹木之上。常被用作居遷的賀詞，指

遷居到更美好、更寬敞明亮的居所，也有人把這個意思引申，當成榜上有名、官員升遷的賀詞。有一首《喜遷鶯》寫道：「芳春景，暖晴煙，喬木見鶯遷。傳枝偎葉語關關，飛過綺叢間。」與此涵義相似的吉祥話有高第鶯遷、喬木鶯聲、鶯遷葉吉。

向陽門第

過春節的時候，不少人家的大門上都貼著「向陽門第春常在，積善人家慶有餘」的春聯。字面解釋是，朝南向陽的房子風水好，運氣也好，每天陽光照進房屋，驅散了一切陰暗和霉運，如同春天不曾離開一般；後一句出自《易經》的原文「積善之家，必有餘慶」。意思是常常積德行善的人家，福德不僅用不完，還綽綽有餘。

關於這個對聯，還有一個茶餘飯後解悶消遣的小故事。宋代大文人蘇東坡特別愛好美食，有一天剛做好一盤熱騰騰、香噴噴的五柳魚，卻見窗外來了一人，就是他的好友佛印禪師。蘇東坡心說：「好一個趕飯的和尚，我偏不讓你吃。」於是順手將這盤魚擱到書架上。佛印其實早已看見，心想：「你藏得再好，我也要叫你拿出來。」就客客氣氣地向蘇東坡請教，問

他姓蘇的「蘇」字怎麼寫,蘇東坡知道所問一定有名堂,回答道:「『蘇』字上面是個草字頭,下面左是『魚』,右是『禾』字。」佛印說:「如果魚擱在草字頭上面呢?」蘇東坡道:「那可不行。」佛印哈哈大笑,說:「那就把魚拿下來吧。」蘇東坡這才恍然大悟,兩人笑著一起吃魚。

後來有一次,佛印聽說蘇東坡要來,就照樣蒸了一盤五柳魚,心想:「上次你開我玩笑,今日我也為難為難你。」於是順手將魚放在身旁的磬裡。不料蘇東坡早已看見,只是裝作不知道。他說:「請教你一件事,我想寫副對聯,誰知寫好了上聯,下聯一時想不出好句子。」佛印問:「不知上聯是什麼?」蘇東坡回答說:「上聯是『向陽門第春常在』。」佛印不知道蘇東坡葫蘆裡賣的是什麼藥,幾乎不假思索地說:「下聯乃『積善人家慶有餘』。」蘇東坡聽完,佯裝驚歎道:「高才,高才!原來你的磬(慶)裡有魚(余)啊!」兩人相視大笑,一起吃魚。

捨移福至

「捨」即是房舍、房屋的意思。「捨移福至」就是說,搬家到一個新房子,福氣和好運也跟著來了。有些人家原來住的

房子很不自在，陰暗背光，弄得心情鬱悶，運氣也差。那麼搬新家，自然是條件有所改善，從風水的角度看，一個風景好、位置好的住所也能給人帶來吉祥。與此相似的吉祥語還有「室遷運通」。

福地傑人

「福地傑人」也可作「人傑地靈」，兩者意思相近，卻也有著微妙的區別。「人傑地靈」強調人的力量，「人傑」是因，「地靈」是果，因為此地有傑出的人物降生，所以這個地方就慢慢有了靈氣。「福地傑人」是突出地方好，因為這家的地是祥瑞福地，那麼家中的子孫後代也會因此而發達起來，出現許多有出息、有能耐的人物。過去的風水先生說話總是很玄妙，比如：「此地鍾靈毓秀，必定有臥虎藏龍之輩。」意思是，這個地方風景和地脈這麼好，肯定出能人，出高材生。

唐代才子王勃的《滕王閣序》裡，寫道「物華天寶，龍光射牛斗之墟；人傑地靈，徐孺下陳蕃之榻。」後世就用「物華天寶，人傑地靈」來形容一方風水寶地。

美輪美奐

　　「美輪美奐」常被人們用來形容特別完美的事物，古時候，專指房屋、建築物的雄偉高大，美觀漂亮。成語典故出自《禮記‧檀弓下》，故事主角是《趙氏孤兒》的歷史原型趙武。趙武是晉國的卿大夫，他為自己建造了與身分相適宜的宮室，晉國的官員們都前往祝賀。有一個張老就讚美說：「這房子太高大華美了！你可以在這裡祭祀，舉行喪禮，宴飲。」、「美輪美奐」的祝福從此流傳下來。

❈ 公司年會時—— 歡盛 ❈

　　每逢年底，公司企業、單位部門都有年會。年會的意義，往往大於其本身，「年會」二字也很好地表述了這個活動的內容和意義：年會的第一個主題是「年」，要過年了，主管們、老闆們都得帶頭提前祝賀新年的到來，與員工同樂一番；年會的另一個主題是「會」，開一個總結大會，主管要慷慨熱烈地演講一番，講講本年度公司、單位的效益和員工的工作情況，該表揚的表揚，該提拔的提拔，該改進的改進。紅包發一發，節目演一演，遊戲玩一玩，以喜氣、熱鬧為基調，所有同事在這個「年會」聚集在一起，也是一個社交的盛會。

　　中國古代也有類似的聚會活動，春節一到，各地的大小官員們都紛紛忙碌起來，送禮、收禮，拜年，赴酒宴，都少不了。

　　唐朝開始，皇帝在過年的時候都要設宴款待群臣，主要是那些品級較高的官員及其夫人。清朝皇帝從康熙開始，興起了寫「福」字賜給臣子們的習慣，過年也賜「歲歲平安」、荷包、衣物及其他貴重物品。除了吃飯賞賜，還要請官員們看戲，以示皇帝的恩德。

　　年會是體會中國文化的絕佳場合。企業文化不同，生意好壞有別，氣勢形態各異。在年會的酒桌上，作為主管，說的話要全面、周到，祝酒詞需顧及每一個部門的榮譽和員工的情緒。作為中層管理人員或者部門主管，祝酒詞要謹慎，對主管和老闆表達自己對公司未來的信心，對自己部門的決心，對兄弟部門的友好，對下屬的提攜愛護。作為職場老人，祝酒詞要沉著，四平八穩。因為對主管和同事已經有了相當的瞭解，祝酒詞可以針對不同人的性格與喜好，可雅可俗。祝老同事、老主管身體康健；祝中年同事事業成功，平安發財；祝年輕人早日尋到伴侶等等。作為職場新人，要眼觀六路、耳聽八方，自己是後輩，就要虛心好學，在酒桌上可以活躍，但不能過多地搶風頭。對上司和前輩要尊敬，對同事要真誠，不可目中無人，如果對職場還不熟悉，祝酒詞可以選一些新年的吉祥話。

　　祝賀主管、上司的吉祥話：名孚眾望、口碑載道、功在桑梓、為民前鋒、為民喉舌、政通人和、政績斐然、善政親民、造福地方、德高望重、眾望所歸、德政澤民、德政可風、萬眾共欽、豐功偉績、信孚中外、裕國利民、實業昌隆、業績輝煌、絕倫逸群、勤奮楷模、運籌帷幄。

祝賀客戶的吉祥話：匯川納海、斂福生財、興隆大業、宏圖大展、裕業有孚、融通四海、欣欣向榮。

感謝主管提拔的吉祥話：嘉惠良多、匡助良多、嘉惠永銘、贊襄良多、受益良多、厥功至偉、熱心堪崇、感佩熱忱、贊襄功宏、貢獻殊偉、恩同再造。

稱讚老同事、職場前輩的吉祥話：仁風廣被、永懷德風、功成名立、勞苦功高、任勞任怨、勤勞卓著、政績在公、厥功奇偉、博施濟眾、德澤縈懷、聚情永懷、懋績長留。

稱讚同事年輕有為的吉祥話：一馬當先、出類拔萃、個中翹楚、無與倫比、超越巔峰、卓越幹練、品資卓越、成績斐然、績效斐然、敬業樂群、名標金榜、才高八斗、才華橫溢、名列前茅、名冠群倫、前程萬里、前途輝煌、鵬程萬里。

稱讚年會節目和表演的吉祥話：賞心悅目、多彩多姿、盡善盡美、聲色俱佳、行雲流水、藝臻化境、藝海生輝、天韻之聲、藝壇精英、餘音繞樑、聲藝卓越、曼歌妙舞、絲竹和鳴、傳道宏藝、響遏行雲。

祝福新春佳節的吉祥話：大吉大利、五福臨門、四季平安、心想事成、吉祥如意、吉慶有餘、年年有餘、花開富貴、金玉

滿堂、竹報平安、招財進寶、滿堂富貴、新韶如意、迎春納福、
賀頌春節、富貴有餘、福星高照、開歲百福、事事順心、添福
增壽、恭賀新禧、萬事如意、恭喜發財、歲歲平安。

《韓熙載夜宴圖》

　　年會是一個萬花筒般的宴會場，看清楚年會酒桌上的「眾
生相」，是邁入職場中的一個重要考驗，需要憑經驗、悟性和
慧眼。誰和誰關係好，誰和誰關係微妙，誰比較有真才實學，
誰是「空降兵」，誰比較有人緣，誰是「狗不理」，這些職場
潛規則都需要時間去慢慢體會和瞭解。

　　說到這種對「酒桌眾生相」的觀察，還有一個著名的歷史
典故。五代時，韓熙載為南唐的官員，當時的皇帝，就是後來
亡國的南唐後主李煜。韓熙載本來出身北方望族，是唐末的進
士。此人喜好音樂、詩文與書畫，極有政治才能。當時國家分
裂，南北分治，南唐國勢衰弱，北方強大的後周對南唐構成了

嚴重的威脅。對於韓熙載這樣的人才，後主李煜很想倚重，想要委以重任，但是又對那些在南唐做官的北方人心存猜忌，再加上身旁有小人挑撥，李煜因怕韓熙載有異心而棄之不用。

韓熙載苦於政治抱負無法實現，又對南唐的國勢衰微感到傷感，自己無力扭轉局面，於是蓄養歌伎，縱情聲色，想要遠離政治，置身事外。

某天，有人向後主李煜報告，當晚又有一些朝中官員要去韓熙載家聚會。後主李煜便派畫家顧閎中和周文矩去韓熙載家做客，以便瞭解韓熙載夜宴的真實情況。在官場上混了這麼久，老奸巨猾的韓熙載當然明白顧、周二人的來意，整個夜宴中，韓熙載以自己那種不問世事、沉湎歌舞、醉樂其中的態度做了一場酣暢淋漓的表演。顧閎中則憑藉著他那敏銳的洞察力和驚人的記憶力，把韓熙載家中整個夜宴過程默記在心，回去後即刻揮筆作畫。於是就出現了極為有名的畫作《韓熙載夜宴圖》。

後主李煜看了此畫後，認為韓熙載確實是耽於酒色，暫時放過了韓熙載等人，一幅傳世精品因此流傳下來。這場宴會，有著複雜的歷史背景，宴會此時已經不是為了一時的歡娛，而是在宴會的吃喝、聲色之外，達到一種人為的目的。

❈ 社交宴會時——暢快 ❈

　　中國的酒桌文化一向是久遠而多姿的。從楚漢時劉邦項羽的「鴻門宴」到三國時曹操劉備的「青梅煮酒」；從盛唐文人的「八仙長安酒會」到清朝乾隆的「千叟宴」，都蘊含著文化、禮儀、歷史、風俗和人際關係，形成了時而風雅、時而濃烈的中國式酒桌文化。

　　在中國，不一定什麼事都可以攤到桌面上來說，酒桌除外。酒桌適宜神交、社交、私交。在社交宴會中，要想贏得周圍人的好感，就必須時刻留意他人的興趣、愛好，明白他人的意圖，理解他人的心思，這樣才能投其所好。交談的時候言語要妥當，就算是隨意聊天，也需要合適的語言。人們在酒桌上交流，沒人會無緣無故地欣賞和喜歡別人，大家都想訴說的時候，需要傾聽者。

　　善於傾聽，也是成功社交的一部分。到了需要自己講話的時候，就要當仁不讓，說一些與自己的身分和當時場合相符的話，多說讚美別人的話，適當地充當配角，反而容易成為大家心目中的主角。讚美的話因場合而異，因人而異，也因不同的

交情而異，但那些從古至今流傳下來的吉祥話，總能顯出現代語言所不能涵蓋的美好寓意。一般來說，社交宴分為商務宴請、職場應酬、同學聚會和老友小酌等幾種場合。

商務宴請

商務宴請，講的是禮儀。

現代的政府宴會和商務酒會有一定的相似之處，那就是對禮儀的要求很高，包括主客座次安排、主持的、勸酒的、開場結尾，都有一定的規矩。在這樣的宴會上，言行一定要適當，絕對不能喋喋不休地吹噓。大家喝酒聊天也都點到為止，不多談工作，但實際上還是以工作為目的，在招待過程中暗含工作任務，但要做得圓滑而漂亮，以融洽的餐宴氣氛來推動事業合作。可以說，商務宴會的目的在於「會」，「宴」反而在其次。

春秋的時候，孔子在魯國當大司寇，齊魯會盟之後，齊侯準備設宴款待魯定公。孔子就對齊國的大夫說，會盟都結束了，就不要搞那些沒用的了。而且宮廷裡的酒器和雅樂在荒野中使用，特別不合禮儀。齊侯一聽這話也對，就取消了這次宴會。所以，國宴或者商務宴請的規格一定要恰當，不能失禮，要照

顧到每一位客人的喜好。

　　網友們曾對招待歐巴馬的國宴津津樂道：翠汁雞豆花湯、中式牛排、清炒茭白蘆筍、烤紅星石斑魚、一道點心、一道水果冰淇淋和 2002 年的長城五星葡萄酒。並不奢華，但卻非常精緻，而且能代表中國的獨特飲食韻味。《基辛格回憶錄》中記載了中美「乒乓外交」的一些逸事，在那次改變全球政治格局的破局之旅中，除了「小球轉動大球」，還有茅台的功勞。周恩來向美國總統尼克森詳細介紹了茅台酒的妙用，說沒油了可以當燃料。尼克森總統果真回家求證，把中國贈送的一瓶茅台點燃，大火猛然躥起。中國的酒，果然剛烈。

　　商務宴請一般需要主人致祝酒詞，這也是招待賓客的基本禮儀。一般來說，主賓均要致祝酒詞。主方的祝酒詞主要是表示對來賓的歡迎；客方的祝酒詞則要表示對主方的感謝。宴會結束時，客人與主人握手道別，其間要保持友好而真誠的眼神接觸。如果出於某種需要，也可在祝酒詞中做出符合宴會氛圍的深沉、委婉或幽默的表達。

　　比如某銀行宴請客戶，老張是這次公司方的主持人，可以如此開始祝酒詞：「首先，請允許我代表銀行的所有工作人員，

歡迎在座各位尊貴的嘉賓，感謝你們抽出寶貴的時間，來參加
這次酒會。俗話說得好：一個籬笆三個椿，一個好漢三個幫。
任何人事業的成功，都離不開朋友的幫助。銀行成立以來，有
過輝煌，也遇過坎坷，但不管怎樣，始終有你們——我們最忠
誠的朋友和夥伴們，陪在周圍，風雨同舟。在座的各位，都是
我們銀行的老朋友、老客戶，多年來，我們一起經歷了各種各
樣的風風雨雨。通往成功的路上是孤獨的，但這樣的孤獨有了
你們的陪伴，也就變得絢爛了。最後，祝各位前程似錦，創業
垂統，福祿富貴，官運亨通！」

　　接下來的宴會時間，主人可以帶頭聊一些相關的話題，也
可以先從政治、經濟等比較嚴肅的話題開始，等整個宴會氣氛
被帶動起來後，可以聊點兒輕鬆的話題，文化、藝術、娛樂等
都能使彼此有共同興趣的人聊在一起。祝酒的時候因人而異，
喜歡文化的人，可以說些名言警句，喜歡幽默的，講些小笑話；
喜歡發財的人，說些「財力通達、馬到成功」之類的吉祥話。

職場應酬

　　職場應酬，看的是技巧。

　　有人說，這種應酬酒桌上，喝的是酒，噴的是口水，講的是關係，辦的是事情。所謂「物以類聚，人以群分」，不管是王公貴族還是販夫走卒，不同地位和不同職業的人都有屬於自己的應酬圈子。

　　職場和生意場的應酬，與商務宴請有較大的區別。商務宴請相對比較正式，是政府、企業的公共活動。而職場和生意場的應酬，就帶著比較明確的個人目的，一方面是要促成雙方的利益合作，另一方面也是拓展人脈的大好機會。在這種應酬交際場合，酒精不燃燒，不算搞社交。既然喝酒是不能少的，就一定要會巧妙地勸酒。

　　作為主人，要讓客人盡興；作為客人，要給主人面子。勸酒的吉祥話五花八門。對於比較豪爽且喜好喝酒的人，可說「美酒倒進白瓷杯，酒到面前你莫推，酒雖不好人情釀，遠來的朋友飲一杯」；對於經商的夥伴和朋友，可以說「日出江花紅勝火，祝君生意更紅火」；對坐在身旁的朋友勸酒，要活躍氣氛，可以說「床前明月光，疑是地上霜，舉杯約對門，喝酒喝個雙」。求人幫忙的話不要一直說，說過一句後，剩下的都是旁敲側擊，讓別人在愉悅放鬆的情況下接受你的要求。

在職場和生意場上的應酬，有時候也如同戰場，需要魄力、魅力、勇氣、幽默和決斷力。總之氣場一定要足，才能鎮住場面，賓主皆歡。

三國時，曹操和劉備「青梅煮酒論英雄」的故事可以當成職場的經典案例。話說曹劉二人一見面，曹操就問劉備：「你在家做的好事！」劉備當時已暗受衣帶詔，當即被嚇得面如土色。其實曹操所說的，是劉備在家裡種菜裝模作樣的事情。還好劉備夠機敏，沒有露出馬腳。

兩人以青梅下酒，酒正酣時，天邊黑雲壓城，忽卷忽舒，就像隱藏了一條龍在其中。曹操就藉著這個「龍雲」發了一番感慨，說龍這種神獸，能大能小，能騰空也能隱藏，在宇宙中飛翔，在波濤中潛伏，可以和世間的英雄相比較。然後就問劉備誰是當世的英雄，看似無關緊要的一問，其實暗藏玄機，當時曹操手握大權，劉備的性命也握在他的手中。劉備的回答一定既要有理，又不能顯示出自己太聰明。還好劉備這個人，一向會裝傻充愣，接連指出袁術、袁紹、劉表、孫策和劉璋等地方豪強，都被曹操一一否決。

劉備這個回答應該給滿分，因為這樣曹操也就以為劉備見

識一般，和常人無異，對劉備的戒心便少了幾分。接著曹操給出了當世英雄的標準，他說：「夫英雄者，胸懷大志，腹有良謀，有包藏宇宙之機，吞吐天地之志者也。」劉備繼續裝傻，問：「誰能當之？」曹操先指了指劉備，後指了下自己，說：「今天下英雄，惟使君與操耳！」當時天雨將至，雷聲大作。劉備裝作受了驚嚇的樣子，筷子掉到了地上，掩飾說：「一震之威，乃至於此。」曹操笑著說：「丈夫亦畏雷乎？」劉備說：「聖人迅雷風烈必變，安得不畏？」將內心的驚惶，巧妙地掩飾過去了。

青梅煮酒論英雄

看似一個簡單的酒宴，卻蘊含了出眾的智謀和心機。從曹操「說破英雄驚殺人」到劉備「隨機應變信如神」，可謂步步驚心。曹操的睥睨群雄之態，雄霸天下之志表露無疑；而劉備隨機應變，進退自如，也表現出一代豪傑所應有的技巧和城府。

在應酬酒桌上，唯有理解並引導你周圍的人，才能辦成你想辦的事。職場新人尤其要有這種酒桌上的警惕意識，察言觀色，能說善道也許未必成就一個人，不會說話、亂說話卻能影響一個人的仕途發展。尤其是在職場的酒桌上，老闆請客，同事們一起熱鬧一番。此時特別要注意談話的技巧和修養，不能故作清高，格格不入；也不可太過低俗，令人反感。會說話的人，要做到能雅能俗，說好話，說吉利話，說得恰到好處，滴水不漏；說出來的讚美之詞令人舒服、妥貼，而不是讓人感覺在拍馬屁。

酒桌上，不得體的話往往會在無意中傷害別人，引起同事的厭惡，上司的不滿，即使事後彌補也無濟於事。一個職場新人，如果能夠在酒桌上表達清晰，落落大方，言辭中肯動聽，善於傾聽，那麼在不久的將來，一定會成為職場上的成功者。

推薦的酒桌調侃妙詞、祝酒詞：酒神酒仙，高朋滿座；你來我往，舉杯豪飲；觥籌交錯，滿座盡歡；酒色齊聚，且飲且賞；

坐而論道，醉而忘憂；以文會友，以詩下酒；惟酒是務，焉知其餘；兀然而醉，豁然而醒；醉裡挑燈，燈下尋酒；酒中乾坤，杯中日月；酒清為聖，酒濁為賢；酒亂汝性，酒壯我膽；酒林高手，飲壇新秀；酒逢知己，千杯恨少。

同學聚會

同學聚會，聚的是感覺。

酒特別能讓情緒放開，特別能讓人感覺興奮。現代社會，酒成了緩解社會壓力，釋放殘餘激情的靈藥。有個笑話說「你有什麼不開心的事，說出來讓大家開心一下」，而真正來得實在的是「你有什麼不開心的事喝一杯，喝醉了大家都開心」。

在同學聚會的酒桌上，很多人會表現出往日工作和生活中不同的一面。說話比較放得開，想起往日的情懷，追憶從前的過往，多年沒見，想說的話太多。俗話說：家家有本難念經。十幾年、幾十年後的同學聚會，往日的青蔥少年禿頂肚大，昔時的窈窕少女青春不再；每個人都背負各種社會壓力，當然也有可以炫耀的，在同學眼中成為成功人士，特別是在初戀女生的面前大出風頭，那可是所有男人的共同夢想。

　　同學聚會的時候，話一定要說到位。有些老兄，上學的時候就是才子，成年後事業有成，他們不在乎飯菜，飯局上只喝酒，通常不吃菜，嘴裡不停說話，拿座中的一個個老同學下酒，妙語連珠，即興發揮。說完自己先大笑，然後端著杯子走到被調侃的同學面前，跟他乾杯。飯桌上，被老同學攻擊，當面造謠，有一種被抬舉的榮幸感。有疑似花邊緋聞在同學之間口口相傳，添油加醋，也是很有趣、很自豪的事情。同學聚會，不需要太多的虛禮和寒暄。大家都變成了性情中人，祝酒的吉祥話，也是內心真摯情感的表達。

　　作為同學聚會的組織者，被大家要求提「第一杯酒」，那麼就可以來點兒煽情的：「憶往昔，同窗共讀，朝夕相伴，情意地久天長。如果說，十年才能修得同船渡河的緣分，那麼同窗幾載應該有一萬年的親近。祝願今天我們的聚會，成為親如兄弟姐妹般的同學情誼。讓我們在這重逢的一刻，坦誠相待，真心面對，不問收入多少，不問職務高低，不比老公英俊，不比老婆漂亮，更多地說說心裡話！」

　　若是收尾的最後一杯酒，祝酒詞如「時光荏苒，日月如梭，從畢業那天起，轉眼間十個春秋過去了。咱們這些當年十七八

歲的俊男美女，而今步入了為人父、為人母的中年行列。同學們都有了各自的事業和幸福，已經成為社會各個領域的中堅力量。但無論人生浮沉與貧富貴賤，同學間的友情始終是淳樸真摯的，就像我們桌上的美酒一樣，時間越久就越香濃。讓我們為『有緣千里來相會』、為同學間淳樸真摯的友誼乾杯！」

老友小酌

老友小酌，要的是情調。

在中國古代，政治人物的酒席，動輒刀光劍影，如項羽的「鴻門宴」、曹操劉備的「青梅煮酒」、趙匡胤的「杯酒釋兵權」，都是拿酒說事。尋常古人更喜三五好友，相聚小酌。文人們尤其喜好這種雅事，飲酒作詩猜謎語，賞花唱曲談戀愛，風雅到了骨子裡。唐代詩人李白，喝酒喝得痛快了，寫了淋漓痛快的詩篇之後，在長安的一個酒館中睡覺，連天子來喊他都不理，還說：「皇上啊，你是皇帝沒錯，可是我李白，卻是酒中之仙。」夠跩吧？還有更跩的，西晉的名士劉伶，每次大醉後，喜歡在庭院裡袒腹，還自稱以天為被，以地為床，以示其雅致高格，與眾不同。

　　說到溫馨的小酌，莫若白居易在《問劉十九》中所描述的：「綠蟻新醅酒，紅泥小火爐。晚來天欲雪，能飲一杯無？」風雪之夜，主客圍著火爐喝酒，火光照亮了暮色中的房間，朋友是老的，酒是浮動著綠色泡沫、芳香甘甜的米酒，就著窗外的飄雪，大家舉杯痛飲，心中好不暢快。酒色流香，心中也格外溫暖。這小小的意境，正是令人動情之處。

　　每個人身邊都有那麼一位或者幾位特別吃得開的朋友，無論是政界商界、媒體文藝、市井小民，黑白兩道，沒有他不認識的人。所謂吃得開，那就是酒桌上的熟人多，都是一頓頓的酒肉吃「熟」的。酒桌習俗是中國的民俗，經過多年商務宴會、職場應酬和同學聚會的打磨，大浪淘沙，最後身邊總會形成一個固定吃肉喝酒的朋友，被老婆稱為「狐朋狗友」的小圈子。去歐洲的飯館用餐，總能看見一家男女老幼一起吃飯，在中國最常見的是一桌桌男人在喝酒，讓洋人以為這都是王老五。老朋友相聚小酌，不為生意，更不為利益，為的是相互理解，為的是彼此傾訴，為的是釋放生活中日積月累的壓力。這時候的酒話，可以隨性，甚至可以放肆，網上流行不少這種嬉笑怒罵、自嘲自演的祝酒詞：「滾滾長江都是酒，乙醇淘盡英雄，罈罈

罐罐轉頭空，杯盤依舊在，幾張老臉紅，殘湯剩菜酒桌上，慣看醉漢威風，一群酒鬼喜相逢，古今多少事，都廢酒罈中。」

老友小酌，彼此瞭解，喝酒不需要勸，也不需要推，盡興而已。喝酒的理由太多了，為友誼，為愛情，為事業，為現在，為未來，可以為一件值得慶祝的好事，也可以為一個失落的情緒。如果用形容友誼地久天長的詞表達心情，不妨也說上幾個適合的詞：雲天厚誼、雲誼永存、聚情永懷、雲天高誼、盟誼永固、情誼永懷、敦睦情誼、至誠永念、惜別常憶、德業彌珍。

❀ 家庭聚餐時——和樂 ❀

　　酒是用來「吃」的，親朋好友也是用來「吃」的。在中國人的社交概念中，酒桌上，能夠更加增進親友之間的情分，說出那些平時生活中無法說出的真摯話語。社交應酬中的「酒」，是社會關係的潤滑劑，家庭聚餐時的酒，已經從犀利的「公關」工具，蛻變成「和樂」的溫情酒意。家庭聚餐，多是藉著節日，或者是親友相聚，父母大壽，兒女婚姻等場合。主角是每一位家庭成員。沒有利益上的糾葛，單純的慶祝節日和特殊紀念日。家庭聚會的氛圍和基調，是和順，是平安，是喜樂，是包容，是親人間彼此敞開的心懷。

　　人們常說，只要一家人「和和美美」、「一團和氣」，就一定能夠「和氣生財」、「家和萬事興」。對於親戚朋友，在酒桌上也需注意說話的藝術。尤其是因婚姻關係形成的親戚關係，新女婿去岳父母家吃飯，新媳婦去公婆家聚餐，這時候，大家的注意力都被吸引在新人的身上，作為新加入的成員，說的每一句話都要講究。要知道，沒有人會無緣無故地喜歡和接納另一個人，被別人接納和喜歡必須有一個前提，那就是我們

也要喜歡、認可和支持別人。

窮女婿赴家宴

有一個《五女拜壽》的越劇劇目，講的是嘉靖年間的戶部侍郎楊繼康家宴的事兒。楊侍郎六十壽誕宴席，眾女兒女婿拿著厚禮參加，並爭著逢迎兩位老人。三女婿鄒應龍因禮薄，遭到冷遇。後來楊家被奸臣陷害，闔家逃散，骨肉分離。兩位老人流落街頭，此時，最善於討好父母的大女兒大女婿、二女兒二女婿都閉門不管老人，只有三女兒三女婿十分孝順，將老人接回家中，悉心奉養。後來三女婿考中進士，出仕朝堂，還使楊家冤案昭雪，適逢楊家老太太辦壽宴，眾位女兒女婿又來祝壽，此時已經與前次截然不同，三女婿成為最重要的賓客，而不孝不義的二女兒和女婿都灰溜溜地離開了。

民間根據這個劇目，也編了相似情節的故事。說有一個王姓家族，王員外家裡很有錢，富甲一方。平生沒養兒子，膝下僅有三個女兒。大女婿是個狀元，二女婿是個舉人，二人都深得老員外欣賞和驕傲。只有三女婿，是一個農民，家裡沒有錢不說，更不識字，令老員外十分不滿意。中秋節那天，王員外

家準備了盛大的家宴。大女兒大女婿、二女兒二女婿一早就提著貴重的禮物來了，三女兒和三女婿因為給老岳父抓雞燉雞湯做禮物，來得較晚。王員外很生氣，看著三女婿就覺得不順眼。團圓宴要開席了，一家人團團圍坐。

　　老員外為了附庸風雅，說：「吃飯之前，咱們先來個節目。我出題，你們三個女婿來答。答不出來的今天不准動筷子吃飯。題目是：什麼東西圓又圓？什麼東西缺半邊？什麼東西真熱鬧？什麼東西看不見？」大家一聽這題目，都覺得很有趣。王員外說：「就從大女婿開始吧。」大女婿沉思片刻，便說：「十五的月亮圓又圓，二十左右缺半邊。滿天的星星真熱鬧，三十晚上看不見。」說完十分得意，拿起筷子享用美味。大家都誇讚大女婿答得好，老員外也十分滿意。

　　二女婿也是個才子，過了一會兒，也想出來了，說道：「中秋的月餅圓又圓，咬掉一口缺半邊。胃裡聚會真熱鬧，吃到肚裡看不見。」王員外一聽也對。於是豎起了大拇指。大家都很開心地舉杯喝酒了，只剩下三女婿，抓耳撓腮的，就是不知道說什麼好。正在此時，老岳母從廚房端著菜進來了。三女婿看到岳母大人，突然來了靈感，說：「岳父岳母圓又圓，死掉一

個缺半邊。一家老小哭得真熱鬧，關在棺材裡面看不見！」說完拿起筷子大吃起來。氣得老員外吹鬍子瞪眼，卻說不出話來。民間故事中的三女婿，也是貧寒出身，卻沒有潛在的實力和正義感，只剩下一張不會說話的嘴巴，招人討厭。

家宴吉祥話

家宴上更少不了說吉祥話。

長輩

如爺爺奶奶，外公外婆，可以說：「祝二老身體健康，萬壽無疆；我們做小輩的，一定要好好孝順兩老，讓你們每天都笑口常開，事事如意，逍遙似神仙，高壽賽彭祖。」或者也可以說點兒煽情動人的話：「爺爺奶奶，你們辛苦一生，養大了爸爸媽媽，又從小疼愛孫子孫女，讓我們沐浴在愛的溫暖之中。現在你們年紀雖然大了，但是你們所播種的愛與寬容，溫暖和幸福，會一直傳下去。作為兒孫的我們，跟父母學會了孝順，跟祖輩學會了寬容，我們何其有幸。爺爺奶奶，祝你們身體康健，福壽綿長！」

對父母，祝酒的話應更為情真意切。如：「爸爸媽媽，對

你們，我能說的話唯有感謝。對你們，我能表達的情，唯有摯愛。你們為兒女辛苦了一生，腰背駝了，頭髮白了，但是在我們的心中，你們的身形更高大了，容貌比年輕時更美。你們永遠是兒女心中最可愛的人，祝爸爸媽媽椿萱並茂，事事如意。」

對父母同輩的親友，如大爺大娘、叔叔嬸嬸、姑姑姑父、舅舅舅媽、姨母姨夫，祝酒的話可以因人而異。做官的要祝人家「高官厚祿、事業成功、青雲直上」；做生意的要祝人家「財源滾滾、百事亨通、家業興旺」；此外，可以普遍用「平安如意、闔家喜樂」等祝詞。如：「各位長輩，你們陪著我長大，對我的恩情和照顧與父母一般無異。我對你們的感激之情是說不完、訴不盡的。今後，只要我能做到的，只要長輩一句話，我必然會竭盡全力。最後，祝願各位長輩平安康健、福祿富貴！」

平輩

例如哥哥嫂子、姐姐姐夫、弟弟弟妹、妹妹妹夫，說話可以隨意一些，要謙虛有禮但不要刻意討好。針對每個人不同的特點和喜好，說一些祝福的吉利話。比如弟弟考中了公務員，姐夫把公司做得有聲有色，可以說：「孔子說，三十而立。但是姐夫／弟弟在不到三十歲的時候，就已經有所成就。這是我

們家族的榮耀，值得我們每一個人舉杯慶賀。祝你的事業越做越好，前程錦繡，立業安邦。」比如嫂子、弟妹升職加薪，可以祝：「嫂子 / 弟妹是我們家的福星，自從嫁入我們家，成為我們家中的一員後，孝順父母，親近姐妹兄弟，給我們這個大家庭增加了新能量，如今事業又有新的成功，不愧是哥哥 / 弟弟的賢內助。正所謂夫妻同心，其利斷金。讓我們舉杯共同慶賀，祝福他們事業更上一層，婚姻更加美滿，愛情更加甜蜜。」

晚輩

如兒女、侄子侄女、外甥外甥女，如果是上學，就要祝學業有成、金榜題名、蟾宮折桂、雛鳳清聲、文才武略、品學兼優等。比如：「時光如白駒過隙，從前還是在我膝頭玩耍的孩子們，現在也已經亭亭玉立、玉樹臨風地長大成人了。你們在學業上取得了一定的成績，讓我感到驕傲和自豪；更讓我驕傲的是，你們已經有了自己的理想和志向，並且不斷努力。希望你們能夠像展翅的雄鷹一樣翱翔天空，像魚兒一樣躍過龍門，做自己想做的事，做有意義的事。讓我們為未來乾杯！」也可以通過酒桌上的舉杯，給孩子上生動的一課：「這次考試，幾個孩子的成績都很優秀，令我們這些做父母和長輩的，十分欣

慰。我對你們有一個期望，希望你們不僅要做一個有才華、有能力、有魄力的人，更要做一個有德行、有愛心、有理想，才德兼備的人。只有懂得關懷他人、關愛弱者，才能成長為一個有責任感的、頂天立地的大成就者。」

吉祥的文字

❧ 福：福的前世今生 ❧

　　福是最古老的漢字之一。甲骨文中的「福」字，是祭台上擺著豐盛祭品，一個人兩隻手捧著酒澆在祭台上，向天求福。這說明「福」字起源於古人的祭祀，是一種向上天祈求的姿態。

　　《辭海》中解釋的「福」又特指為祭祀用的酒肉。我們現在所寫的「福」字，右邊是由「一、口、田」組成。「一」像個屋子的橫樑，「口」寓意人丁，「田」自然是田地。在古代的農業社會，有房住、有田種、兒孫又多，便是福氣了。「福」

　　從字形上看也是珠圓玉潤，大肚能容天下事的樣子。一個人肚子大，似乎不美，但是用來承載福氣，就比較佔便宜。從字義上看，「福」是「諸事皆吉，順遂齊備」。

　　人們經常去寺廟裡拜拜菩薩，多數都有所求。求什麼呢？求財富、求姻緣、求平安、求長壽、求事業……菩薩一看，這個人怎麼求了這麼多？顯得很貪心。其實不如只求做「有福」之人，因為「福」本身就是包含了富貴壽考，一切都好，萬事如願的意思。

新年納福

春節之時，家家戶戶都要在屋門、窗戶上貼上紅火鮮明的「福」字。這種過年貼「福」的習俗來源於唐朝民間流行的「宜春方勝」：紅綠色的紙張上寫著「宜春」、「吉利」、「發財」等吉祥話，顏色看著也鮮艷喜慶。貼「福」字始於宋代，盛行於明代。從康熙帝開始，清朝皇帝經常寫「福」字賞賜給近臣，以示「賜福蒼生」、「福歸天下」。

貼福字

倒貼福字

關於過年貼福字，還有很多傳說。相傳姜子牙在渭水上直鉤垂釣，遇到周文王，從此受到恩遇，被封為左靈台丞相，最終輔佐周武王伐紂興周。姜子牙在岐山封神的時候，他在人間

的惡妻馬氏也要求封神。姜子牙說：「你是八敗之名，到一家，
敗一家。自從你嫁到我家，我窮了一輩子。要封就封你做窮神
吧。」這個婦人懊喪地問：「封我為窮神，那我可以到什麼地
方去接受供奉呢？」姜子牙說：「有福的地方都不能去。」這
件事傳開後，怕受窮的老百姓，逢年過節，都在大門上貼「福」
字在門窗之上，以驅趕窮神。鮮艷火紅的福字就像一朵大紅牡
丹花似的，綻放在各戶人家的屋門、牆壁、門楣、衣櫃、米缸
和水缸上。富貴人家的福字，還別緻地鑲嵌在各式圖案中，如
壽星壽桃、龍鳳呈祥、五穀豐登、鯉魚跳龍門，趣味又喜氣。
窮苦的人家，過年也要自己剪幾個「福」字貼上。

　　過年了，有的人家不僅要貼「福」字，還要倒著貼。路過
的人說一句：「福倒（到）了！」主人就暗自笑開了花，即討
個口彩。「福到」也有故事：一說是明朝皇帝朱元璋，登基之後，
封髮妻馬氏為皇后。馬皇后是個淮西農家女子出身，生就一雙
大腳。某年春節，朱元璋在京城微服私訪，看見很多人圍著一
家的大門口看燈畫。上面畫著一個大腳的女人，騎著馬，抱著
西瓜。朱元璋一看，不禁怒火沖天。為什麼呢？因為女人騎馬
寓意馬氏，懷抱西瓜諧音「淮西」，這是嘲笑馬皇后是個大腳。

皇帝叫手下的侍衛悄悄在這家做了個記號，就是把這家的福字給倒轉過來，回頭好找這家人算賬。

回宮之後，朱元璋把自己的打算告訴了馬皇后。馬皇后雖然出身貧寒，但為人十分賢惠善良，聽了這件事，不僅沒有生氣，還擔憂百姓受擾。為了免除這家人的罪過，馬皇后命親信把城裡每一戶人家的福字都倒轉過來。百姓們感念馬皇后的仁心，從此開始貼倒「福」，也寓意福氣到家了。

福「到」了

二說是清代咸豐年間的某年春節，恭親王府的大管家分派眾家丁佈置王府，張貼春聯、年畫、門神和福字。為了討好福晉，管家特意準備了好些精緻漂亮的「福」字，誰知那個負責貼「福」字的家丁不識字，將福字貼倒了。恭親王和福晉見到後，甚為生氣，認為這是犯了霉氣，命人鞭打此家丁。幸虧大

管家心地善良且能言善辨，說：「奴才聽外面的人都說恭親王
和福晉壽高福大，如今福真的到（倒）了，這是吉慶之兆啊。」
恭親王和福晉聽了，認為頗有道理，於是轉怒為喜，賞了管家
和家丁每人五十兩銀子。此事傳出去後，也有許多人家仿效，
貼倒著的「福」字，希望能把福氣帶回家。

天官賜福

　　中國人在甲骨文中創造的「福」字，已經表達了「福為天
賜」的心理。既然是天賜，就一定會有一位專門掌管「賜福」
職能的神仙。道教傳說中，有「天官、地官、水官」三位神仙。
天官主「賜福」，地官主「赦罪」，水官主「解厄」。掌管「賜
福」這一職能的神仙「天官」也被尊稱為紫微大帝，會在正月
十五生日這一天，下凡來到人間懲惡揚善——懲罰那些作惡的
人，賜福給那些積善人家。

　　民間也流傳一個關於「三官」的故事，說有一個人名叫陳
禱，也叫陳郎，小伙子人長得特別英俊帥氣，被龍王的三公主
看中了，兩個人做了夫妻，生了三個兒子，都神通廣大、法力
無邊，後來被元始天尊封為「三官」。傳統吉祥畫中的「天官」，

頭戴如意翅丞相帽，五綹長髯，身上穿著繡龍紅袍，紮著玉帶，懷抱如意，手持展開的「天官賜福」、「受天福祿」誥命，有小童子在身邊恭敬站立侍奉，旁邊點綴著蝙蝠和祥雲的圖案。「三官信仰」源自原始宗教中人們對天、地、水的自然崇拜，「天官」是老大，所以權力也最大，如果一個人有了福氣，那麼自然能夠消災解厄，福壽綿延。

天官賜福

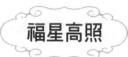

福星高照

　　早在唐代的時候，中國人以木星為福星。木星在東方，也叫歲星。古代的天象專家、占星術士認為，木星運行到哪個地區的上空，那裡的州國就會五穀豐登、國泰民安。

　　福星是道教傳說中的福祿壽三星之一的上清福德星君。民間「福星高照」的年畫中，畫著一個穿大官裝束的人，穿著很

福星高照

是華麗，身後跟著一個小童子。裝飾著牡丹花，招牌上寫著「國泰民安」、「風調雨順」的字樣，過年的時候，百姓將福星的年畫貼在大門上，取家中有福星護佑的吉祥寓意。

與此寓意相似的還有「三星高照」圖，福星最大，穿著紅衣蟒袍，手拿笏板；祿星是個青衣長者，懷中抱著個小童子；壽星是大家都熟悉的南極仙翁形象，腦袋大，額頭凸出，手裡拿著壽桃和枴杖。

箕陳五福

《尚書‧洪範》中說到中國人心目中的五福，來源於一個名叫箕子的人所陳述給周武王的話。殷商紂王的時候，朝中有一個大臣叫箕子。他和比干一樣，都是大忠臣，而且有安邦的才能。

紂王一味淫樂，不理朝政。箕子很擔憂，就進諫忠言，引起了紂王的斥責和不滿。箕子很聰明，為了保存實力，於是假裝發瘋，混在奴隸之中，後來被紂王囚禁起來。周武王建周後，把箕子給釋放了。後來箕子面見武王，提出了九種治國安民的方法。最後一條說到的便是「五福」，即「一曰壽，二曰富，

三曰康寧，四曰攸好德，五曰考終命」。意思是長壽、富貴、康寧、好德、善終。

其實有無福氣，每個人心中都有著自己的標準和定義，太平盛世，妻賢子孝，兒孫滿堂，這都是有福。在知足善良的中國百姓內心深處，平安、健康、團聚，便是最大的福氣了。民間常常用梅花的五瓣來象徵「五福」。黃藍綠粉、俏皮可愛的小喜鵲立在綻放的梅花之上，每一朵都是五瓣，這也叫「梅花開五福」。

梅花開五福

蝙蝠與吉祥

在中國人的心目中，蝙蝠是一種吉祥的動物。黑暗中的陰森生物怎麼成了福氣的代表了呢？這也是中國人愛玩「諧音」

遊戲的產物：「蝠」與「福」諧音，一隻蝙蝠叫作「有福」，
兩隻蝙蝠稱為「雙全」，五隻蝙蝠飛入人家則為「五福臨門」。
民間「五福臨門」的吉祥圖案中，中間有一個「福」字，四周
團團圍繞著五隻蝙蝠；中間是一個「壽」字，則稱「五福捧壽」；
蝙蝠從祥雲裡飛出來叫作「福從天降」。

「福」在眼前

　　如果是蝙蝠銜著銅錢飛，老翁和童子在下面抬頭看，叫作
「福在眼前」。蝙蝠諧音「福」，銅錢是「前」，下面的人在看，
所以好運即將來臨。

萬福流雲

　　民間年畫和剪紙中，五隻蝙蝠圍著一個「卍（萬）」字，
旁邊點綴祥雲的圖，叫作「萬福流雲」。

　　「卍」是一個傳統的吉祥圖案，古人認為它是太陽和火的象徵。佛教著作中說到佛祖再生，胸前顯現了「卍」字紋，寓意神聖、光明、吉祥和幸福，被用於建築、繪畫、衣料織錦、長命鎖、木器、香爐等日常物品上，王室貴族用以寄託萬代興盛的願望，平民百姓以「卍」祈盼子孫綿延、福壽安康。

　　《紅樓夢》中說到一個容貌動人的女孩，因為母親夢見了花紋連綿的「卍」字織錦，所以給她取名「卍兒」。

萬福流雲

花開富貴

　　牡丹被譽為花中之王，雍容大度，富麗堂皇。所以也被文人墨客贊為「國色天香」、「任是無情也動人」，自古以來被視為富貴的象徵。家中裝飾擺設牡丹花，掛圖和繡品以牡丹為

像，也是「花開富貴」的吉祥寓意。

關於牡丹，有一則武則天「貶花」的民間故事。相傳，武則天極愛賞花。某次武則天到皇宮後花園遊玩，只見天寒地凍，萬物蕭條，感覺十分掃興，於是對百花下詔令道：「明朝游上苑，火速報春知，花須連夜發，莫待曉風催！」百花仙子都目睹過武則天「順我者昌，逆我者亡」的手段，所以即便第二天下雪，眾花仙還是不敢違命，頂風冒雪，使百花綻放。武則天目睹此情此景，十分得意。突然，一片荒涼的花圃映入眼簾，武則天的臉一下子沉了下來，說：「這是什麼花？怎敢違抗朕的聖旨？」眾人一看，原來是牡丹花。武則天知道後大怒，命令將

花開富貴

牡丹移出京城，貶到洛陽。誰知這些牡丹到了洛陽，被隨便埋入土中，馬上就長出綠葉，開出的花朵嬌艷無比。武則天聞訊，氣急敗壞，派人即刻趕赴洛陽，要一把火將牡丹花全部燒死。無情的大火映紅了天空，棵棵牡丹在大火中痛苦地掙扎，然而，人們卻驚奇地發現，牡丹雖枝幹已焦黑，但那盛開的花朵卻更加奪目。這種牡丹花就這樣獲得了「焦骨牡丹」的稱號，牡丹仙子也以其凜然正氣，被眾花仙擁戴為「百花之王」。

　　當然這只是民間傳說，且當一樂。因為武則天本來就從長安移都洛陽，而她本身是愛花之人，也是明智君主，自然不會不懂四季循環、花開花謝的道理。

福源善慶

　　從字面上理解，「福源善慶」是說福氣來自良善的積累，只有多做好事的積善者才會有福氣。也是出於諧音的聯想，「福源善慶」的年畫上，畫著一個手杖上繫著香櫞的老者，他背著一個小孩，小孩手裡拿磬，另外一個小孩用槌敲擊磬。空中有蝙蝠飛舞。香櫞諧「源」音，也被叫作佛手柑。佛手也經常被寓意「福」，佛手和仙桃組合的圖案，被稱為「福壽雙全」。

「磬」諧音「慶」，是古代一種用石頭製作而成的樂器。

福源善慶

上梁貼福

　　民間還有個「上梁」貼福字的風俗儀式。新房子蓋成之後，主人家會準備一些白酒、豆腐、燒肉等酒菜，把大紅的福字遞給木匠，由木匠和瓦匠主持儀式，最後把「福」點在正梁的正中，然後才灑酒放鞭炮祝賀。上梁貼福字也有傳說。從前有一家蓋房子，兩個木匠很粗心，把正梁的尺寸弄短了，等到上梁的時候，兩個人拉過來、拽過去，就是沒辦法架好房梁。正急得像熱鍋上的螞蟻，恰好有位路過的老師傅看到，說：「好好的房梁，怎麼上不起來呢？」兩個木匠一聽就火了：「說風涼話，

有本事你來上！」沒想到，這位老師傅真的有本事，一會兒的
工夫就做成了新的房梁，放上之後正合適。這兩個木匠看呆了，
忙問老師傅貴姓。老師傅答道：「我姓福。」然後就不見了。
人們認為，這位老師傅一定是木匠的祖師魯班。從此，許多地
方就有了「上梁」貼福字的習俗。

謝年祝福

　　魯迅先生的小說《祝福》中有一個苦命的女人祥林嫂，在
魯鎮歷年的「祝福」儀式中被主人視為不祥之人，被禁止參加
祝福祭祀的準備工作。「祝福」是紹興人的年終大典，用來祈
求來年的好運。紹興土話稱作「請祝福菩薩」。日期一般在舊
曆的十二月二十日到三十日之間。

　　祝福儀式之前，要先把廳堂、祭桌、祭器都擦洗乾淨，擺
放齊整。祭品多是煮熟的肉類，但魚要鮮活的。一般人家用三
牲福禮，一方肉，一條魚，一隻鵝；五牲福禮是三牲福禮再加
上整雞或者牛肉；最講究的七牲福禮是大富之家才能做的，要
在五牲福禮之外加上熊掌、羊肉等珍品；雞、鵝的頭衝著神衹
的方向，鯉魚用紅繩穿過，取「鯉魚跳龍門」的吉兆；「福禮」

上插著單數數量的紅筷子，如七根或者九根。

祝福儀式的時候，除了擺好碗筷、酒盅、右邊還要放上「刀俎」，左邊放著鹽巴、雞血和豆腐乾。祝福儀式由男性當家人主持，參加者也都是家族的男丁，行三拜九叩的大禮。女人和生肖相沖的男子都不能參加，需要迴避。

祝福儀式之後，鄰里朋友聚在一起吃黃豆芽、高湯和水磨年糕做成的「散福糕」，喝「散福酒」，意思是把福氣分給大家，讓來年的日子越過越好。

無處不在的「福」

「福」在中國無處不在，算是最有人氣、最普遍的事物了。書法中有各式不同造型的福字：或飛流瀟灑狀、或圓渾可愛態；福字剪紙、窗花、福字錢、福字碗盤、用錦繡織出來百福圖、日常佩戴的福字形玉牌、四合院的影壁上雕飾的福字等等。人們用這些日常行為，來表達對「福氣」的渴望和期盼。《太上感應篇》中說「福禍無門，唯人自召」，意思是說，這個福和禍，都是人自身的行為召喚而來的，好人就有福，壞人招禍患。這自然是希望和勸誡人們多做好事、善事。

但實際上，福禍是一種客觀的存在，不因人而改變。有些人因禍得福，有些人樂極生悲，老子所說的「福禍相依」蘊含著深刻的人生哲理。中國人對「福」的喜愛，表達了中國人的樸實真誠與善良溫和。

大阿福

江南的廟會上，總能看見有賣泥人的商攤。其中有一種泥人，是小孩團坐成圓形，懷裡抱著吉祥的動物（如麒麟等），笑哈哈的樣子。一男一女成雙擺著，胖墩墩的，十分討人喜愛。這種泥人，被當地人稱為「大阿福」。

大阿福

相傳有一個古老的神話。很久前,在深山中住著兩個人形的巨獸,名字叫作「沙孩兒」,他們住在山林中,力大無比,互相嬉戲,從來不傷害人。不管是毒蛇猛獸,只要見到他們微微一笑,就會投入他們的懷抱,任由其吞食。有一次,男「沙孩兒」被一棵大樹砸死了,女「沙孩兒」孤單傷心,也撞死在樹下。人們懷念他們,便用泥巴捏成一男一女兩個健壯可愛的泥娃娃,放在家裡擺著。有避災辟邪、迎祥納福的寓意。

十全富貴

「十全富貴」是民間比較受歡迎的喜慶年畫:十個憨態可掬、白胖俊俏的大胖小子,簇擁著一個大金元寶,手裡各自拿著銅錢。這裡的「十全富貴」指的是十種大福氣的人生境遇:一本萬利、雙喜臨門、三元及第、四季平安、五子登科、六畜興旺、七子同心、八仙賀壽、九室同堂、十全富貴。

祿：仕者之求

「祿」最初指的就是「俸祿」，也就是朝廷發給各級官吏的薪水。形式上五花八門：糧食、土地、布帛、錢幣、實物，什麼都有。隋朝以前，平民子弟基本上沒有做官的機會，能當官的人大都是世家子弟。祖宗前輩都是高門權貴、官員士紳，子孫也是有德有才之人，聞名鄉里，只有這種人家的子弟，才有機會被舉薦當官，這種制度被稱為「九品中正制」。

一直到了隋朝，隋文帝、隋煬帝的時候，才開始正式開科取士，由考試來決定命運，不管是世家子弟也好，貧寒學子也罷，大家都在一個起跑線上，誰的成績好誰上，科舉制從此產生，並完備於唐宋，鼎盛於明清。舊時，哪家有子弟通過科考做了官，這家人在鄉鄰眼中的份量立刻就不一樣了，人們私下裡會稱讚說「人家是正經考出來，吃朝廷俸祿的」。

在讀書人的眼裡，科舉大過天，因為「書中自有黃金屋」、「書中自有顏如玉」。科舉就像是一個命運的大轉盤，把握好了，貧賤也能轉為富貴。《儒林外史》中的范進，考了一輩子，年紀一大把了，好不容易中了舉人，卻高興過度瘋掉了，令人

感嘆。

　　朝代不同，官員的俸祿形式和多少都大不一樣。這還是要看皇帝的大方程度，遇到小氣的皇帝，比如明太祖朱元璋，自己曾經當過乞丐、農民，節儉慣了，給官員的俸祿就少得多。沒錢發工資的時候還打白條，甚至弄些破布料發給官吏。所以明朝的官兒不好當，比如著名的清官海瑞，竟然要在衙門裡面開墾菜地來餬口。

　　當然了，海瑞這種清官屬於「異類」，大多數官員都明白官場上的潛規則，不會真的指望俸祿吃飯。有了「祿」，「福壽喜財」會跟著一起來。

　　俸祿只是一種名譽，一個形式，關鍵在於官位帶來的權勢、富貴、榮耀、名聲以及讀書人入世理想的實現。「俸祿」經過朝堂與民間的共同洗禮和上千年的文化積澱，形成了以科考、入仕、升官、修身為基調的「祿」文化。

文昌帝君

　　文昌帝君是正宗的「祿神」，專管人間功名、科舉和仕途官運的事兒。「祿神」的本源來自古人對星辰的崇拜，道教的

傳說中，北斗星之上有六顆星，被稱為文昌宮。

祿神

文昌宮的第六星叫「司祿」，能夠主宰塵世中的功名利祿。

雖然有了天上的星君傳說，但人們還是要將星辰與地上的真實

人物相對應。晉朝的時候，蜀地有個人叫張亞子，十分孝順，

還用學過的仙法為百姓消除了瘟疫。後來，這個張亞子和前秦

的皇帝苻堅打仗戰死了，當地人便給他立了祠廟，稱他為雷神、

梓潼神。據傳，唐玄宗和唐僖宗都曾入蜀避難，夢見梓潼神顯

靈幫忙，於是張亞子被僖宗晉封為濟順王。

　　宋朝的咸平年間，張亞子又受封為英顯王，影響日益增大，經過幾代人的口耳相傳，張亞子和天上的司祿星君功能重合，專門司掌祿籍，民間稱其為「文昌帝君」，也叫張仙。

　　相傳文昌帝君曾經七十三次轉世，才華橫溢，文運亨通，每一世都是士大夫，而且為官清廉，體恤下情，照顧鰥寡孤獨，是一個名副其實的青天大老爺，受到讀書人的追捧和百姓的愛戴。

　　民間流傳著一個關於祿神張仙的傳說。唐朝武則天時的宰相婁師德，年輕的時候患有虛勞病，身體虛病無力。某日，遇見了一個道人，說他天靈無光，黑氣纏繞，病入膏肓，若無貴人相助，三日必死。

　　婁師德久病不愈，對於生死已經看淡了。三天中，他無所事事，默默地等待著死亡的來臨。

　　到了第三天晚上，婁師德看見門外突然闖進來一個紫衣人，從懷中取出一把彈弓，扣上彈丸，不由分說地朝婁師德的腦門打了一下。婁師德心想，這下必死無疑了，也不躲閃，乾脆閉目待斃。可是過了許久，頭上一點兒疼痛的感覺都沒有，反而覺得身體飄飄欲仙，如坐春台。婁師德睜開眼睛，感覺神

清氣爽，病痛全消。他自知遇上貴人，連忙下跪問紫衣人是哪路神仙。紫衣人答道：「我乃祿神張仙。」說話間便將婁師德帶到「司祿署」的一間石屋之中，讓他查閱祿命典籍，婁師德翻開一看，自己的姓名、出生年月、籍貫、進士及第、入台輔為宰相的時間和八十五歲壽終的事情都記錄在案，心中大喜，正準備離去，忽然看到自己一個叔伯兄弟的姓名，正欲觀其詳，突然從石屋外闖進一猛獸，手執方天畫戟，喝道：「大膽婁師德，膽敢亂翻祿籍！」婁師德驚醒，才知道原是一場夢。不過，婁師德的病真的痊癒，而且官運亨通，最終位居宰相，應驗了夢中預言。

　　後世的很多讀書人，參加科舉只為當官，好為自己謀取私利。《紅樓夢》中，賈寶玉罵這些只會死讀書，只求自己升官發財卻不管百姓疾苦的人為「祿蠹」，把這種蠅營狗苟之人比喻成吃國家俸祿的蛀蟲。在這種世風之下，出現了一些勸讀書人修功德的傳奇故事。

　　唐代詩人羅隱，擅長寫諷刺詩文，名聲很響亮。羅隱曾經參加科考十多次都沒有考中，史稱「十上不第」。故事講，羅隱之所以考不中，是因為他行事古怪，文筆雖好卻無德行，本

來還有皇帝命，都被自己糟蹋掉了。因為不得文昌帝君的歡心，就算文章好也考不中。這些都是民間附會故事，對於屢試不中的憤懣讀書人來說，也算是一種無可奈何的命運解釋。

鹿與猴

在中國，吉祥的最大特點是使用諧音，即用某種諧音的實物來代替吉祥字。

鹿有一種飄逸的俊美，很有出塵的靈氣，是神話中神仙的坐騎，也是仙境中不可缺少的瑞獸。鹿除了象徵吉祥、長壽之外，還因為與「祿」諧音，被當作升官發財、加官晉爵的吉祥物。如「三星高照」圖中常畫著老壽星騎著鹿在天上飛；「祿星圖」則畫著束帶高冠的祿星，用手撫摸仙鹿。

猴諧音「侯」，是王侯的意思。古代的爵位等級從大到小分別為公、侯、伯、子、男。人們在吉祥圖畫中以「猴」代「侯」，表達對仕途的希冀。大猴子身上背著一個小猴子在松樹上攀援，叫作「輩輩封侯」；猴子攀爬楓樹摘官印，叫作「封侯掛印」。一個戴著官帽的猴子騎著馬奔跑，叫作「馬上封侯」。說到騎馬的猴子，讓人不由得想到在天庭當過「弼馬溫」的孫悟空，

按照老百姓的說法，因為孫猴子管過天馬，所以世間的馬一看
到猴子，都會乖乖聽話，這是因為猴子的祖宗管過馬的祖宗。

鹿　　　　　　　　　　　　　　猴

四相簪花

芍藥花中有一種名品叫作「金帶圍」。花為紅色，花瓣大
而層疊，花瓣外圍有一條金色的暈紋環繞，就好像一條金色的
腰帶，所以也叫「金纏腰」。民間百姓傳言，有金帶圍盛開地
方就會出宰相。金帶圍與官祿仕途的關係，源於北宋時「四相
簪花」的典故。當年，韓琦還在揚州做太守，某日，州衙後花
園中罕見的金帶圍芍藥盛開，共有四朵，十分艷麗。韓琦便在

花園中開了一個賞花會，邀請尚在大理寺供職的王安石、王珪一同觀賞，同僚陳升之也慕名而來。四人相談甚歡，飲酒酣暢之時，韓琦剪下這四朵金帶圍，在每個人的頭上插了一朵。說來也奇，此後的三十年中，參加賞花的四個人竟然先後做了宰相。而「金帶圍」芍藥也因此身價倍增，成為預兆升官發達的吉祥之花。

四相簪花

月中桂

　　傳說月亮中有一棵桂樹。桂樹旁有一個叫吳剛的人受天罰砍樹，旁邊蹲著一隻玉兔拿玉杵搗藥，飄下來的桂花落在藥罐裡，靈藥中便含了桂花，有一股桂花的香味。

　　「月中桂」，傳遞的是一種中國文化的獨特韻味。舊時，人們祝福趕考的學子考試高中，會說：祝福老兄早日蟾宮折桂。「蟾宮」即月宮，把科考成功比喻成去月亮上折下一段桂枝，既說明了「榜上有名」之後身價抬高，榮耀非凡；也說明了這條科舉仕途的路不好走，是一條漫漫長路。

月中桂

　　五代的時候，燕山一個叫竇禹鈞的人生了五個兒子，教導有方，五子相繼考中科舉，成為一時佳話。他的老朋友就寫詩稱讚他家是「丹桂五枝芳」。

　　此外，桂諧音「貴」，折了桂花，就意味考中，考中便有機會做官，做官便能成為貴人，這個邏輯也算嚴密。而桂樹葉子的脈絡形狀和古時官員所持的禮器「圭」的樣子很像，與官祿仕途有了瓜葛，能夠寄託讀書人科舉及第的願望。

孔雀

　　孔雀是一種尊貴、優雅的鳥，出身不凡，相傳是鳳與凰所生，與大鵬鳥是同母兄弟。在佛教的傳說中，孔雀被如來佛祖封為大明王菩薩，莊嚴殊勝。

　　孔雀的美，主要在於羽毛的鮮艷，雄孔雀的羽毛中，有翠、青、藍、金等多種色彩，開屏後令人炫目稱奇。詩人李郢讚美孔雀之羽是「一身金翠畫不得」。

　　孔雀開屏，寓意吉祥。《舊唐書》裡記載了一個「雀屏中選」的典故，北周的大司馬竇毅有一天和長公主閒聊，說起自己的女兒竇氏，做父親的非常驕傲，覺得自家這個女兒不但知

書達理，還才智過人、品貌出眾。所以，女兒不能輕易許配，一定要選一個最優秀最出眾的男子做女婿。後來竇毅命人在自家門屏上畫了兩隻孔雀，讓那些上門求親的公子們每人發兩支箭，能射中兩隻孔雀眼睛的人，就選出來當女婿。這可太難了，那些王親公子都沒能射中，唯有後來的唐高祖李淵，出手便射中了兩隻孔雀眼，最終抱得美人歸。後來，竇氏被立為皇后，也就是唐太宗李世民的母親。

孔雀

孔雀還有「文禽」之稱，被文人賦予九種高雅的品德：一是顏貌端正，二是聲音清澈，三是行步翔序，四是知時而行，五是飲食知節，六是常念知足，七是不分散，八是不淫，九是

知反覆。人們讚譽孔雀有「君子之德」,因此,孔雀與古代的官祿文化聯繫起來。

明、清朝代的官服,不少都以孔雀為繡圖裝飾,象徵「文明天下」,並以孔雀來表達和祈求升官的願望。清朝高級官員的官帽上,用孔雀翎毛做裝飾,稱為「頂戴花翎」,有單眼、二眼和三眼之分。所謂「眼」,就是孔雀翎毛尾梢的彩色圓圈,與眼睛的形狀很像。

五品以上官員可以戴「單眼花翎」,親貴大臣有機會被賞賜「二眼花翎」,親王貝勒才有資格享戴「三眼花翎」。可見,孔雀的花翎被當成一種極大的恩寵。獲罪的臣子若被罰拔去花翎,是非常嚴重的處罰。因此,孔雀成了一種象徵官運的祥瑞之鳥。

傳統吉祥圖如「翎頂輝煌」,就是繪瓶中插著孔雀花翎的紋圖,寓意加官晉爵,步步高陞。孔雀和牡丹組成的吉祥畫,則寓意高官厚祿,富貴吉祥。

槐市

中國人喜歡在庭院裡種槐樹,不僅能在夏日遮蔭,還有期

望子孫升官發達的美好寓意。

　　據說西周的時候，天子和大臣們有時候會在庭院裡商議國家大事。大家按樹的種類分堆兒坐：棘樹下面坐著卿大夫之類，槐樹下面坐的是「三公」，即最高職位的大臣。因此，後世常用「三槐」比喻「三公」一類的高官。

　　西漢的時候，長安的書生們聚會的場所就叫作「槐市」，也叫「學市」，相當於現在的文化沙龍。聚集的都是鮮衣怒馬、文采風流的貴公子和讀書人。大家談天說地，無所不談。唐宋的時候，「槐市」也叫「槐廳」，不僅是學子交友攀談的場所，還能交換學習經驗和考試信息。待到槐花黃時，學子們便拿出自己辛苦寫成的得意文章，到處找關係、跑人情，請教那些前輩官員點撥。

壽：富貴長生夢

　　在中國人的心目中，長壽是一種莫大的福分。無論是帝王將相還是布衣百姓，都有著一種對長壽的希求。身分越是顯赫、富貴之人，越是恐懼死亡，渴望長壽。中國歷代王朝共有過二百多位皇帝，但高壽者卻是鳳毛麟角，極為少見。

　　壽命最長的算是清朝的乾隆帝，活到了八十七歲。據說這位風流瀟灑的皇帝有自己獨特的養生秘訣：比如按時吃飯，多吃素少吃肉，適時進補；喜歡微服私訪，騎馬打獵，寫詩練字，談談戀愛，逗逗大臣，生活得特別有情趣。這麼看來，一個人想長壽，除了有養生秘籍之外，愉快的心境很重要。不過能夠認識到這一點的人並不算多，皇帝雖然聰明，卻反被聰明誤，一心求取長生不老的丹藥和秘方。

　　《史記》中記載，秦始皇時的方士徐市，也叫徐福，是鬼谷子的關門弟子，精通氣功、武術和養生之道。徐福給始皇帝上書，吹牛說自己曾經與海神對話，海神向他索要童男童女為禮物，而最關鍵的信息是海上有蓬萊、方丈、瀛洲三座仙山存在，而那裡住著懂得長生不老之術的神仙。秦始皇自然心動了，

於是派徐福帶著僕從、數千童男童女，能吃三年的糧食、衣履、藥品和耕具等，入海求仙。神山肯定是沒有找到，神仙就更沒影兒了。據說徐福第一次出海後曾經回來過，秦始皇問他：「仙

壽

山找到了沒有啊？」徐福就編理由，說船隻遇到了巨大的鯨魚，阻礙了去往仙山的路，不得已才回來了。秦始皇信了，派了一群弓箭手跟著。而徐福第二次出海後，就再也沒有音訊了。

關於徐福最後的歸宿，眾說紛紜。有人說徐福的船早已葬身大海；也有人說徐福回到中國，但怕秦始皇追究，在鄉野中隱姓埋名；還有人說徐福到了日本，帶了那些童男童女在當地繁衍生息，日本的第一位神武天皇，其實就是徐福。秦始皇呢，沒有仙人和仙藥，自然也就沒能長生不死。但「長壽」的夢想，卻早已生根發芽，形成了中國獨有的「壽文化」。

做大壽

除了年節，給家中老人做大壽也是難得一見的熱鬧喜事，一則是「盡孝敬老」的本分，二則也是一種禮尚往來。做壽的人家，主人先要佈置壽堂，堂屋正中掛上斗大的壽字，擺上八仙桌、太師椅，八仙桌上供著茶果、壽糕、壽桃、壽麵、壽酒，四周用壽屏、壽幛、百福圖、百壽圖之類裝飾。祝壽的客人也都攜帶著吉祥的壽禮：有錢人家送金銀鑄的生肖像，各式玉器、擺件、如意、錦緞布料等；普通人家送的大多是壽幛、壽聯、

壽桃、壽麵、壽圖等。壽桃要按照老人的壽齡來送，一歲一個。壽圖如《壽星圖》《五福捧壽》《長春白頭》《松鶴延年》這類寓意長壽的吉祥畫。正式拜壽的時候，男女有別。如果是壽翁，由家中的嫡長子帶著弟兄子侄三叩九拜，嘴裡念著「福如東海，壽比南山」這樣的祝壽詞；如果是壽婆，則祝「王母長生，蟠桃獻頌」。之後由當家女主人帶領妾侍、兒媳、女兒、孫兒輩依禮上壽，之後才是客人分別祝賀。

　　吃壽宴，先上壽糕，再上酒菜。最後是必不可少的一道美味——「長壽麵」，古人也叫「湯餅」。中國人之所以有吃壽麵的習俗，據說是因為古代相書中的說法，人中長一寸，能活一百歲。那麼一個人的人中長，臉也就長，就是「面長」。漢代的東方朔笑彭祖臉長，因為彭祖活了八百歲，豈不是人中有八寸那麼長嗎？笑話歸笑話，人們都想長壽，於是就有了吃壽麵的習俗。

　　富貴人家吃完壽宴，還要聽戲。請上當地知名的戲班，演一些如《滿床笏》《八仙祝壽》《佘太君百齡掛帥》《郭子儀祝壽》等喜慶的戲文。如京劇《打金枝》裡所講的，就是唐朝名將郭子儀的兒子郭曖娶了昇平公主為妻，但是公主自恃身分，

不肯給公公郭子儀拜壽，郭嘔氣不過，在家宴後，借酒壯膽痛打老婆昇平公主的故事。最終皇帝出來調停，公主也得以「孝」為先，於是公主乖乖認錯，從此賢良淑德，孝敬公婆。

中國人有「敬老」的美德，家裡的老人過生日，當官的子弟要請假「回覲」。清朝的康熙帝和乾隆帝都曾經辦過「千叟宴」，乾隆時的「千叟宴」在乾清宮舉行，被邀請的老人約有三千人，有皇親國戚、前朝老臣，也有從民間奉詔進京的老人。乾隆為了表示親民，還親自為九十歲以上的老人一一斟酒。當時推為上座的是一位最長壽的老人，據說已有一百四十一歲。乾隆帝和紀曉嵐還為這位老人作了一個對子，「花甲重開，外加三七歲月；古稀雙慶，內多一個春秋。」其實，做壽只是一種形式，更重要的是兒女晚輩應該孝順，要時刻存有對父母長輩的感恩之心。

壽星

壽星在民間有很多稱呼，有叫他「南極老人」的，也有叫他「南斗星君」的，還有叫他「南極仙翁」的，是個很有人緣的神仙。在《西遊記》中，南極仙翁和孫悟空的關係很不錯，

甚至任由猴子「稱兄道弟」起來；在《白蛇傳》裡，白娘子去崑崙山盜仙草、救許仙的時候，被看管仙草的白鶴童子捉住，還是這位南極仙翁有同情心，問明白事情的緣故，放了白娘子。在民間信仰中，壽星也特別有人氣。哪家有老人過生日，壽堂上一定要掛上《壽星圖》：老神仙額頭闊，耳朵大，身子短，白鬍飄逸，長眉慈祥，拄著龍頭枴杖，神情恬淡，心境怡然，似得長壽之道。有時候拿著仙桃，有時候騎著白鹿，身後還跟著叼著靈芝的仙鶴。

　　據《詩經》記載，最早的時候，古人以天上東方七宿之首的角、亢二星宿為「壽星」，主長壽。

　　後來，南極老人星被賦予了「壽昌」的功能，當南極老人

壽星

星出現在天空上，則天下安寧；如果不見，就會發生戰爭；「老人星」是掌握國運興衰和君主壽命的神靈。到了三國的時候，又有了「南斗注生，北斗注死」的說法。

　　《三國演義》中有「趙顏求壽」的故事。魏國有個叫管輅的人，是個術士，最會相面。有一天，管輅在田間遇見了趙顏，看見他「眉間有死氣」，料其「三日之內必死」。趙顏是個剛滿十九歲的漂亮小伙子，他爸爸聽了這話很害怕，兩個人跪在地上求管輅出主意。管輅沒辦法，對趙顏說：「你回家後趕緊準備一罈好酒，一盤燒鹿肉。卯日那天，你到割麥地南頭的大樹下，那裡有兩個人下棋。一個人向南而坐，身穿白袍，長得比較兇惡；另一個人向北而坐，身穿紅袍，長得很俊美。你等他們棋興正濃的時候，把鹿肉和酒拿給他們吃喝。他們吃完之後，你再求他們給你增壽。千萬不要說是我告訴你的。」趙顏依言而往，果然見二人下棋。趙顏只管斟酒添肉，等他倆吃完之後，才跪在地上哭求。兩人很是驚訝，但吃人嘴短，於是拿出生死簿，把趙顏的十九歲改為九十九歲。之後，兩人化成白鶴，沖天而去。原來那個白衣人是北斗星君，掌管死亡；而紅衣人是南斗星君，掌管生壽。

　　唐宋以後，角、亢二星、南極老人星和南斗星君的功能合而為一，成為民間傳說中掌管人間生命壽數的「壽星」。當然，壽星最引人注目的特點，是他那個高高凸起的特大號腦袋瓜，俗稱壽星頭。關於「壽星頭」，民間還有一個流傳很廣的故事。傳說壽星投胎的時候，他的母親懷胎快十年了，還沒有分娩。母親很著急，就和肚子裡的壽星娃娃對話：「孩子啊，你怎麼還不出來啊？」還是胎兒的壽星就說話了：「我得等到咱家大門前的石頭獅子眼中出血，才能出生呢。」誰知道這話被鄰居家一個好事的屠夫聽到了，屠夫心裡納悶，就想試試真假，於是想了個損招：用豬血把石頭獅子的眼睛給抹紅了。壽星母親一看，大喜，趕緊告訴壽星說：「孩子快出來吧，石頭獅子的眼睛出血啦。」壽星聽了，從母親的腋下鑽了出來，可是因為年分未到，就遺留下了一個碩大的「壽星頭」。

　　這個故事無非是想說明神仙的出生異兆，不過倒是也有點道理。你想，懷胎都要十年以上，那麼壽命必然極長，也就一定能夠賜予人們長壽了。

壽桃

祝壽時所用的壽桃，一般都是用麵粉做成，面桃粉嫩，十分誘人。據說送「壽桃」的流行，與漢武帝有關係。漢武帝也是一個崇尚仙道之說，想要長生不死的皇帝。有一天，天上的西王母派天使下凡，告訴漢武帝，自己七月七日夜漏七刻下凡。當日，西王母果然乘雲車來到了漢武帝宮殿的西側，金碧輝煌，儀態萬千，還有三隻青鳥侍立左右。西王母認為漢武帝是個英明的皇帝，於是賜他四顆仙桃，並告訴他：「這是三千年才結一次果的仙果。」漢武帝非常喜悅，吃完仙桃之後，還把桃核珍藏起來，王母問他做什麼，漢武帝說等春天種。王母笑道，你們這裡地薄，種了也不能成活。

壽桃

明朝人吳承恩在小說《西遊記》中詳細地描寫了王母的

蟠桃宴。說那個天上的蟠桃長得嬌艷鮮美「夭夭灼灼花盈樹，顆顆株株果壓枝」，像胭脂、雲霞一般漂亮。蟠桃園的土地公公還介紹了一下蟠桃的不同品種等級：「前面一千二百株，花微果小，三千年一熟，人吃了成仙了道，體健身輕；中間一千二百株，層花甘實，六千年一熟，人吃了霞舉飛昇，長生不老；後面一千二百株，紫紋緗核，九千年一熟，人吃了與天地齊壽，日月同庚。」王母娘娘在瑤池寶閣中開蟠桃會，請了大小尊神赴蟠桃會。由於沒請孫猴子，這才搞出了猴子大鬧蟠桃園的事端。

仙鶴

鶴行走的姿態，很像一個翩然君子，而鶴的性情，也頗具高雅的精神品格。幾乎所有自稱喜歡養鶴的古人，都比較清高雅致，對生活情趣有特別的追求，用現代人的話說，就是很「文藝」。比如「梅妻鶴子」的林逋。這位林先生真是癡情，把梅樹當成妻子，把仙鶴當成兒子。林逋愛鶴出名，他的鶴不僅可以作為美景的點綴，如果家裡來了客人，而碰巧林逋不在家，仙鶴還會飛去報信，充當信使。

《搜神後記》中記載,遼東人丁今威,本來在靈虛山學道,學成之後,因思念故鄉,所以變成一隻鶴飛回遼東。家鄉的少年看見,舉弓箭要射,鶴便張口說話:「有鳥有鳥丁今威,去家千年今始回。城郭如故人民非,何不學仙塚壘壘。」意思是,我一千年前離開家,今天回來卻發現物是人非,認識的老朋友都沒了。看來只有學仙修道,才能脫離生死困擾。

當然,也有個別不解仙鶴風情的蠢人。廬山有個道士,不好好修行,喜歡吃肉。有一天晚上,道觀裡飛來兩隻仙鶴,吃肉道士一看,萌生了騎鶴升仙的念頭。於是命童子抓住仙鶴,他老人家一屁股坐上去,仙鶴當場骨折。這個笨蛋直到把兩隻仙鶴都折騰死了還不甘心。鶴主人發現仙鶴被虐待死後,十分

仙鶴

惱怒，把蠢道士告上官府。這個吃肉道士，只知道乘鶴而去是神仙一品，卻不懂神仙是沒有一身肥肉的。

唐代詩人崔顥寫過一首著名的詩《黃鶴樓》，「昔人已乘黃鶴去，此地空餘黃鶴樓」，這句詩聽著就神奇飄渺：一個神仙般的人物騎著黃鶴翔雲而去，讓「鶴」的形象更添了幾分仙風道骨。鶴，本來就是神仙青睞的長壽仙禽，道教的祖宗大都是以仙鶴或者神鹿為座騎。

傳統《壽星圖》裡的南極仙翁，就是紅光滿面、笑容可掬的老仙翁騎著仙鶴的造型；傳說中的仙山道場，總會有仙鶴在雲邊長鳴。

道教認為，鶴壽無量。人們常以「鶴壽」、「鶴齡」作為祝壽之詞。鶴與松，叫作「松鶴長春」、「鶴壽松齡」；鶴與龜在一起，叫作「龜鶴齊齡」、「龜鶴延年」。

靈芝

靈芝是一種能駐顏還春、延年益壽的植物。先秦時候，靈芝就被當成一種山珍入菜，成為帝王桌上的佳餚。李時珍在《本草綱目》裡提到了靈芝，大為讚賞。還說不同的仙山，生出的

靈芝顏色不同。

　　泰山出青芝，霍山出赤色靈芝，嵩山出黃芝，華山出白靈芝，常山出黑靈芝，高夏山出紫色的靈芝。傳說中的靈芝仙草又大不一樣，人們傳說，只要吃了靈芝，就能起死回生，長生不老。《白蛇傳》裡的白素貞，

　　因為法海老和尚搞陰招，在雄黃酒的藥力下現出蛇形，嚇死了文弱書生許仙。為了救醒許仙，白蛇上崑崙山偷靈芝草，卻被白鶴童子捉住，後來還是南極仙翁發了慈悲心，贈靈芝給白素貞，救活了許仙。從這個故事裡能看出來，靈芝非常珍貴，所以有神仙重兵把守，不能輕易得到。而靈芝，也和蟠桃一樣，是神仙們尋常也難得的美食。

　　《抱朴子》裡說到一種「石芝」，生在仙山之上。一到了

《盜仙草》

晚上，就閃閃發光，三百步以外還能看到它的光華。大的「石芝」有十多斤，小的也有三四斤。吃一斤能得千歲之壽，吃十斤那就「萬壽無疆」了，能讓人生出翅膀，乘雲駕霧，入海能避水，最終得道成仙。

神龜

古人把龜定義為上古四靈之一，是天下至寶。龜有很多靈性，比如四時變色，知「天之道」等，但長壽是龜的主要特徵。

傳說龜千年生毛，活到五千年的叫作「神龜」，活到萬年的叫作「靈龜」，壽命越長，神通越大，能開口講話，瞭解上下五千年的風土人情，滄桑變化。在殷商時期，古人相信，利

神龜

用龜甲可與上天溝通，能夠詢問凶吉，預卜未來。

《莊子‧雜篇》裡講過一個白龜的故事。宋元君半夜裡夢見有人披散著頭髮在側門旁窺視，自稱是清江的使者，被一個叫余且的漁夫捉住了。宋元君醒來，派人占卜，說：「這是一隻神龜。」宋元君就叫漁夫余且上朝，一問，果然抓了一隻白龜。於是白龜被沒收。宋元君很矛盾，想殺掉，又想養起來。最後還是算卦看看吧，卦象上說：「殺掉白龜用來占卜，一定大吉。」最後，白龜被剖開挖空，用龜板占卜，數十次推斷未來，從來沒有一點兒失誤。

孔子聽說了這件事很是感慨，說這個白龜雖然能托夢給國君，從漁人手裡逃脫，但是因為能力太強了，還是避不過災禍。所以說，做人也好，做龜也罷，鋒芒畢露就容易陷入危險。

壽石

中國人有賞石的傳統。用一些質地凝膩、通靈溫潤的石頭雕刻成各式擺件和盆景，閒來把玩，那也是很高端的文藝范兒。秦代的阿房宮、漢代的上林苑都擺著數之不盡的奇山怪石，供那些皇族貴族們欣賞。

　　唐宋的時候，愛石成風。不僅文人墨客搜攬奇石把玩，那些皇宮御苑、寺廟園林都以這種石頭當點綴、裝飾。後來，鑒於石頭天長地久的特性，人們把長壽的寓意與石頭聯繫起來。

　　一些名勝古跡的山石上，刻著紅色的「壽」字；一些吉祥畫裡，畫著石頭、牡丹、桃花，寓意「長命富貴」；畫著石頭、萱草、松柏，寓意「嵩山百壽」等。

　　古人認為，石頭也有生命和靈魂，比如頑石賈寶玉、石猴孫悟空、三生石畔舊精魂等。較有名氣的壽石有太湖石、靈璧石，還有來自福建壽山村的壽山石，清代皇帝最喜歡的「田黃石」就出在那裡。民國時期，就有「一兩田黃三兩金」的說法。現在的田黃，就更加值錢了。當地傳說，壽山石是女媧娘娘煉石補天之後，把剩下的晶瑩美石遺留在這裡的。

❈　喜：民間笑容　❈

　　民間流傳的詼諧說法中，認為人生有四件大喜事：久旱逢甘霖，他鄉遇故知，洞房花燭夜，金榜題名時。凡是能稱得上好事的，都可以說是喜事。換句話講，那些可以炫耀給人看，令人得意的事情，都算得上是「喜」。

　　「喜」是一個有點兒模糊和籠統的概念，好像一個隱形人一樣，無所不在，又無從說起。婚嫁是大喜，懷孕是有喜，生子是添喜，中狀元是喜，過大壽也是喜。

　　兩個喜字合成「囍」，人們稱之為雙喜，貼在婚房中、大門口，招攬喜氣；若是龍鳳團繞著大紅「囍」字上下翻飛，叫作「龍鳳雙喜」，唯美而祥瑞。示字旁加喜字構成「禧」，稱為見喜，過年的時候貼在房梁和門楣上，叫作「開門見禧」、「抬頭見禧」，拜年時說「恭賀新禧」，是祝福每個人都能遇上喜事。

　　象形文字中的「喜」字，是一個開口大笑的人張開手臂，抱著一個大大的「吉」。這會令人聯想到民間年畫上那些喜上眉梢的神仙，懷抱大紅鯉魚的白胖童子，鮮艷而歡樂，明媚又喜氣。好像塵世生活中的甜蜜和歡樂，都定格在那張笑臉上了。

紅雙喜

「囍」字，也叫作紅雙喜，一般都是用在婚嫁時的裝飾。不僅要在門窗上貼上「囍」字，棉被、枕頭和床帳上都繡著「囍」紋。這個習俗傳說始自北宋詩人王安石。

當年王安石正值青春年少，意氣風發地赴京趕考，途中在汴梁的大街上看到一個富貴人家懸了一副上聯，寫著：「玉帝行兵，風槍雨箭，雷旗閃鼓，天作證。」據說能夠對出下聯的人，就有機會成為這家千金小姐的新姑爺。王安石瞧了一會兒熱鬧，

紅雙喜

覺得這副對聯很有趣，只是左思右想，沒能想出來，只好作罷，繼續上路趕考。誰知道，上京應考的時候，主考官出了一副下聯問上聯：「龍王設宴，月燭星燈，山食海酒，地為媒。」王安石一看，樂了，這不是老天爺幫忙嗎？於是就把之前在富商

家看到的上聯回答出來了，主考官一看，對得既工整又敏捷，十分欣賞。

　　考完試之後，王安石路過汴梁富商家的時候，發現上聯還沒人對上來，就順手把京城試題中的下聯對上了。辦喜事的當天，京城又傳來了他金榜題名、高中狀元的好消息，雙喜臨門。王安石在洞房花燭夜的時候，多喝了幾杯，在紅紙上寫了一個斗大的紅雙喜貼在門上，還題詩一首「巧對聯成紅雙喜，天媒地證結絲羅。金榜題名洞房夜，小登科遇大登科」。

喜神

　　由於喜神沒有專門的職能，所以喜神就是一個吉祥神。在有些地方的傳說中，喜神原本是一個修道的女子，長年虔誠祭拜北斗星君，最後修真成道的時候，北斗星君果然現身，問此女有什麼願望和請求。這個女子呢，這時候倒靦腆起來，用手摀著嘴，笑不露齒。北斗星君不懂女人的心思，一看她摀嘴，以為她想要鬍鬚，於是喜神從此有了鬍鬚，因為她總是笑笑的樣子，所以被封為喜神。雖然是個神仙，但一個女人長鬍子，總歸怪怪的，故此，喜神並不以真身現形。

　　從宋朝開始，人們開始把祖先奉為喜神。這是源自祖先崇拜的影響，自家的祖宗一定會偏向自家兒孫，降福於家，那麼自然而然地就成了家族的保護神。明清的時候，南方還沿襲著以祖先為喜神的規矩，除夕夜裡，人們掛上祖先畫像，供奉以香蠟、茶果、粉丸、糍糕等，全家人共同跪拜，稱為「掛喜神」。

　　北方人在正月初一的清晨迎喜神。天剛微亮，穿戴整齊的大人小孩，拿著祭祀用的香表燭火，甚至還有趕著牛羊牲畜的，恭恭敬敬地向喜神降臨的方向祭拜，祈告一年的康寧。至於喜神在哪個方向降臨，大多是占卜先生說了算；也有老輩人說，

喜神

公雞打鳴的地方就是喜神降臨的方向。禱告完畢後要放鞭炮，嚇得牛羊直跳腳，人們說，這就是喜神降臨了。

結婚辦喜事的時候，也要拜喜神。古人的習俗，辦婚禮之前，先要請一位陰陽先生來家裡，推算喜神的具體方位。到了結婚當天，引著新娘上轎下轎的喜娘和媒婆要特別當心，花轎的轎口必須對著喜神來的方向，新娘上轎之後，要等一會再出發，因為要等喜神來臨之後，一起抬走，稱為「迎喜神」。到了夫家，新娘被引入洞房後，不管是坐著還是站著，面朝的方向也要正對著喜神所在的方位。據民間舊俗，出嫁新娘頭上要蓋著四、五尺見方的紅色綢緞蓋頭。

民間傳說這也是和喜神有關。而這個喜神，竟然是殷商紂王。相傳，姜子牙在封神時，將殷紂王封為喜神，專管人間的婚姻，誰家結婚都要請他送喜。可是紂王當了喜神，卻沒改老毛病。他去送喜時，看見哪個新媳婦長得美麗，就要搶回天上給他做小老婆。百姓都非常氣憤，可是娶新媳婦，又不能不請喜神。怎麼辦呢？大家無奈，只好求姜子牙幫著想辦法。

姜子牙最是機智，他告訴大家：結婚那天，要給新媳婦蒙頭紅，新媳婦一進門就要放鞭炮，這樣就無礙了。大家照這個

辦法做了，果然，喜神紂王一見新媳婦蒙著頭紅，怪嚇人的，又聽見鞭炮劈啪作響，感覺不妙，嚇得趕快駕雲回天了。

如此看來，商紂王好色昏庸、暴虐無常的惡名算是坐實了，百姓對他的印象，就是這種既討厭又無奈的感受。所以，在民間故事中，人們也按照紂王的本性來安排角色扮演，雖然是個「喜神」，卻還是個惡人形象。至少在故事中，紂王是難以翻身的了。

月老

「月老」全稱月下老人，是中國的媒神。專門管人間的愛情、婚姻和生育。相當於古希臘神話中的愛神維納斯。只不過，中國人向來認為婚姻該由父母長輩做主，掌握婚姻大事的，當然應該是一位長者神仙，而不是一個年輕的女子。清朝人沈三白在《浮生六記》裡描述過月老的樣貌：「一手挽紅絲，一手攜杖懸婚姻簿，童顏鶴髮，奔馳在非煙非霧之中。」

中國人對媒神的信仰起源很早，古人稱為「高媒」。夏朝時的媒神就是黃泥造人的女媧娘娘。殷商人祭祀的媒神，是吞下玄鳥蛋，生下商朝始祖契的簡狄；周朝的媒神是踩著巨人腳

印懷孕，生下後稷的姜嫄。這兩位都是有過神奇懷孕經歷的女子，也都是當朝的聖母。直到唐代，月下老人才有機會粉墨登場。

月老的傳說，出自唐朝人李復言所寫的《續玄怪錄・定婚店》：唐代有個叫作韋固的人，他少年的時候，路過宋城，在客店中遇到一位老者，正坐在月光下翻看著一本書，身邊還放著一個布口袋。韋固問老者在看什麼書，老者回答說是姻緣簿──天下人的婚書。韋固又問：「那這布口袋裡是什麼？」老者回答說：「袋內全是紅繩，用來繫住夫婦的雙足。雖仇敵

月下老人

之家，貧富懸殊，天涯海角，吳楚異鄉，此繩一繫，便訂終身。」韋固聽完，十分驚奇，忙打聽自己未來的妻子在哪裡。老者笑著告訴他，他未來的妻子就是客店北邊一戶陳姓人家的女兒。韋固找去一看，原來是個賣菜老太太的幼女，還是個流鼻涕的三歲小孩兒。韋固起了嫌棄之心，命僕人暗中刺殺，沒有得手，卻刺傷了女孩兒的眉心。

十四年後，韋固從軍，刺史王泰賞識他，就把女兒嫁給了他。新婚之夜，新娘很俏麗，韋固自然春風得意，卻發現新娘的眉心上有一道傷痕。一問之下，才知道原來此女就是當年被刺傷的幼女，後來被王泰收養，視為己出。韋固這才明白天意不可違，心中羞愧，說出了真相，妻子諒解了他，兩人從此幸福一生。這也是「千里姻緣一線牽」的由來，而月老也從此成為民間所信奉的媒神。

後來，民間也有仿照這種懸紅線的辦法成婚的。一家有五個女兒，老爹看中一個年輕有為的後生，讓哪個女兒嫁給他呢？為了公平起見，就懸起了紅繩，女兒們都坐在繡簾後面，各自牽著一條紅繩，讓公子選。選中那個，就成婚，比抓鬮兒還靈。

杭州西湖白雲庵旁邊有一個月老祠，那些渴望美好婚姻的

癡男怨女們，常常跑到那裡跪拜祈求。月老祠旁邊掛著一副對聯：上聯是「願天下有情人終成眷屬」，下聯是「前生注定事莫錯過姻緣」。這副對聯，說出了月老的祝願，也說出了天下有情人的心事，合了大家的胃口，香火自然極旺。

和合二仙

「和合」有兩方面的吉祥寓意。一方面是家人和睦；另一方面是夫妻恩愛。最初出現的「和合之神」，源自唐朝，流行於宋。這個神仙並不莊嚴威武，而是一個頭髮亂蓬蓬、臉上笑哈哈，手中拿著鼓和棒的男子，人們叫他張萬回。

傳說這個人生性駑鈍，已經是二十幾歲的小伙子了，還總是發呆犯傻，不善言辭。但萬回十分孝順。他哥哥在邊關當兵，很久都沒有音訊，家中的爹娘想念大兒子，日夜啼哭。

有一天，母親烙了一些麵餅，張萬回把餅包在包袱裡，對爹娘說：「我給哥哥送去。」說完就走，轉眼不見了人影。眾人以為那是句玩笑話，沒當回事。誰知道當天晚上，張萬回帶回了一封哥哥寫的親筆信，信封上的漿糊還沒乾透。因為他在一日內往返萬里路，所以得了這個「張萬回」的名字。

　　人們都說他是菩薩轉世，神通甚至傳到了宮中，受到了唐高宗和武則天的召見。張萬回為了讓父母安心、兄弟相聚而一日行萬里路，故被民間百姓封為「團圓之神」、「和合之神」。人們供奉他，也是希望遠在他鄉的親人能夠早日回家，全家團聚。

　　明清的時候，「和合之神」轉化為「和合二仙」，一個變成了倆。有些地方的習俗，新婚之日，一定要在新房裡面或者廳堂之上懸掛和合二仙的畫軸，他們有時候被畫成兩位蓬頭笑面、露著肚皮的神仙；有時候被畫成兩個活潑可愛、長髮披肩

和合二仙

的童子，一個舉著荷花，另一個手捧圓盒，諧音「並蒂同心」、「百年好合」。如果再加上五隻蝙蝠，則寓意著「五福臨門」。總之，怎麼吉利怎麼畫。「和合二仙」也被稱為「和合二聖」，歷史上真有其人，本是佛教史上兩位著名的高僧，法號寒山、拾得。寒山和尚也叫寒山子，因為他曾經在天台山的寒巖這個地方隱居，所以就叫寒山。沒出家之前放蕩不羈，但是詩歌寫得特別好，經常在竹木、石頭上作詩。有時候，他會戴著個樺樹皮做的帽子，穿著破破爛爛的衣裳鞋子到處遊歷。每到一個寺廟，就對著天空罵街，所謂「望空噪罵」。搞得寺廟裡的和尚受不了他的聒噪，都罵他瘋了，趕他快走。寒山也不理會，哈哈大笑，拂袖而去。

拾得和尚是一個孤兒，剛出世就被父母棄在荒野，被國清寺的高僧豐干和尚救回寺中撫養，因為他是被撿回來的，所以取名「拾得」。拾得和尚受戒後，在國清寺的廚房裡當雜役和尚，認識了寒山，經常送剩餘的齋菜給寒山吃。後來寒山也去國清寺當了廚僧，兩人朝夕相處，吟詩作對，共同修行，最終修得正果。

有一段寒山與拾得的機智對答十分出名，流傳至今。寒山

問道：「世間有人謗我、欺我、辱我、笑我、輕我、賤我、惡我、騙我，該如何處之乎？」拾得答曰：「只需忍他、讓他、由他、避他、耐他、敬他、不要理他，再待幾年，你且看他。」這段話中蘊含著極深的佛法，有不爭不辯、清淨處世的哲理。

喜鵲兆喜

　　古人曾在詩詞裡描述了一個丈夫遠行在外的女子，說她在春日的紛繁景色中憂傷獨坐，但是卻突然「聞鵲聲而喜」。喜什麼呢？並不是因為喜鵲的叫聲好聽，而是因為喜鵲預示著好事即將來臨。這位聽見鵲聲而開心起來的女子，自然是想到了自己遠行在外的良人，可能就要踩著這鵲聲回到家中。「千鵲

喜鵲兆喜

噪而行人至，蜘蛛集而百事喜。」聽見外面的喜鵲成群結隊地嘰喳，那就說明遠方的親人要回家來了；看到蜘蛛從天而降，就會引來喜事發生，萬事都能順心如意。即便是現在，很多老人也會說「聽得喜鵲門前叫，家中必有喜事到」。當然了，這只是人們的一廂情願，喜鵲的吉祥，大概只與其名字中的喜字有關。不過，民間一向視喜鵲為吉祥鳥，關於喜鵲的傳說，也都和「喜」有關係。

最有名的喜鵲，大概要數每年七夕在鵲橋相會中給牛郎織女搭橋的喜鵲了。據說七夕那天過後，喜鵲們頭上的羽毛都會變禿——那是被牛郎織女這二位給踩禿的。不過喜鵲還是無怨無悔，堅持了上千年。

《詩經・召南・鵲巢》寫了「鳩佔鵲巢」的典故，說喜鵲最是勤勞，所築的巢結實漂亮，堪稱鳥界權威。結果被不會築巢的斑鳩佔據了家園。這其實並不科學，因為喜鵲明明比斑鳩的塊頭大得多，而在對自然界的觀察中，也並不見這種「鳩佔鵲巢」的現象。也許是因為古人偏愛喜鵲，所以故意把牠塑造成鳥類中「高大全」。

中國的民間吉祥畫裡，桐樹和喜鵲，就是「同喜」；畫一

隻威風凜凜的豹子，對著空中飛翔的小喜鵲，就是《報喜圖》；一對喜鵲紛飛或者站在樹枝上，看著中間的古錢，就是「喜在眼前」；喜鵲落在柿子樹上看古錢，那就是「喜事在前」；獾子仰頭看天，喜鵲飛空俯地，叫作「歡天喜地」；畫著喜鵲、紅梅和爆竹，叫作「早春報喜」、「喜報春光」；梅花也代表春天，梅花綻放意味著春天即將到來，喜鵲站在梅花樹上，叫作「喜上眉梢」。實際上，原本是「喜上楣梢」，「楣」是門上的那塊橫木，門楣也就是門第的意思，人們做官發財後，第一件事是要修宅邸和大門，把大門建得高大宏偉，誇耀鄉里。門楣越高，越是顯貴，所謂深宅大院、大宅門就是這個意思。

財：親切財神

　　古代的讀書人，十年寒窗苦讀，要讀到最高等級才能有出頭之日。金榜三甲，進士及第，那是象牙塔的頂尖，博士後中的佼佼者，一般人只能望塵莫及。但既然讀書，至少也要考中秀才、舉人，才有機會當官。對於出身平平，又沒有讀書機會的人來說，想過好日子，就只能靠發財了。

　　當個大財主，吃香的喝辣的，嬌妻美妾，子孫滿堂，這是每一個普通人的夢想。富則貴，富裕也是高貴的一種，所以，很多人會做夢發財。其實，金錢並不可怕，財富當然是好東西，做人沒有必要假裝清高。儒家以為，為人當做一枚古錢，外圓內方。外在圓潤，內心方正。就連聖人孔子，也覺得賺錢是一件好事，只要是光明正大賺到的錢，都是令人驕傲的。

財神匯

　　在中國，形象多樣又清晰，又與人們生活貼近的神仙，要算是財神。

　　財神不僅賜人錢財，還是智慧、仁慈和公正的化身。有錢

人希望更有錢，普通百姓則渴望過上富足的生活。財神不止一個，而是一個職業群體。文財神有比干、范蠡；武財神是關羽、趙公明並四路偏財神；增福財神、善財童子、福德正神，還有華光大帝。財神彷彿存在於四面八方，共同匯聚成中國的「財文化」。

文財神比干

比干

比干是殷商紂王的叔父，為了阻止商紂王被妲己迷惑，直言進諫，還燒死了狐狸洞的妖狐，被妲己懷恨在心。有一天，妲己假裝生病，說需要七竅玲瓏心入藥，正好比干有一顆七竅

玲瓏心，因此被荒淫的紂王挖了心送給妲己。

　　由於先前姜子牙離開朝歌時，曾去比干的相府辭行，見比干氣色晦暗，算出他日後必有大難，便送給比干一道神符，叮囑他在危急之時化灰沖服，可保平安。比干入朝前已知有難，便服下了姜子牙所留的符水，故在剖心後並未死去，而是來到民間廣散財寶。

　　比干被剖心後，成了無心之人，正是因為無心無向，辦事公道，所以被後人奉為文財神。比干的神像是文官打扮，頭戴宰相紗帽，五絡長鬚，面目嚴肅，臉龐清　，手捧如意，身著蟒袍，足登元寶。

范蠡

　　另一位文財神是陶朱公范蠡。神像上的范蠡，面色白淨，錦衣玉帶，冕冠朝靴，笑容平和，顯得風度翩翩。

文財神范蠡

　　范蠡原本是春秋末期楚國的一介平民，後來利用西施搞「反間計」，成為輔佐越王勾踐的名臣，在成功地滅吳雪恥之後，毅然離開了越王勾踐，帶著美女西施泛舟湖上，隱名從商，逍遙自在。范蠡天生就有生意頭腦，不管投資什麼都賺錢。三次白手起家，三次富可敵國，還三次散盡資財給貧苦百姓，收放自如，令人津津樂道。

　　范蠡被後世奉為文財神，他進退得宜、不執著於名利的處世態度，出神入化的聚財能力正符合中國人富貴逍遙的人生理想，因此被人們奉為文財神。在廣東、香港這些地方尤為盛行。

趙公明

武財神趙公明

　　在最初的民間傳說中，武財神趙公明本來是個瘟神，散佈瘟疫，取人性命。因為他武藝高強，還兼職做了冥界的鬼兵元帥，是一個不折不扣的惡神。後來太上老君派了張天師與他鬥法，最終降伏了這個大魔頭。趙公明此後成了司財之神，神像上的他，黑面濃須，身跨黑虎，右手執鐵鞭，左手托著金元寶。明代的通俗小說《封神演義》中，趙公明原本是商朝大將，協助聞太師抵抗周武王軍隊的進攻，被姜子牙用厭勝之術殺死，在封神台上受封為「金龍如意正一龍虎玄壇真君」，為中路正財神。另外還有偏財神：東路財神招寶天尊蕭升、西路財神納珍天尊曹寶、南路財神招財使者陳九公、北路財神利市仙官姚少司。中國人的五行觀念影響深遠，認為天地廣闊，財寶當然也要分方位處理。拜五路財神，就是收盡東南西北中五方之財的意思。

關公

　　關羽是三國時的名將，他並不愛財，卻被尊為財神，的確有點兒不可思議。《三國演義》中的關羽，得曹操賞識，曾經榮華富貴，頗有積蓄，但他毫不在意，為了「義氣」兩字，把曹操所賜財物留下，千里走單騎，護嫂尋兄，義薄雲天。

　　民間傳說中的關羽不僅是個大英雄，還經常散財給窮苦百姓。關羽第一次遇見張飛，張飛還是個賣肉的。兩個人打架打賭，賭本就是張飛賣的豬肉。關羽贏了之後，把豬肉分給了圍觀的貧苦百姓。關羽當上財神，因一個「義」字，也因他的散財於人，有情有義。

武財神關羽

祭財神

　　每年農曆正月初二，是祭財神的日子。祭財神由一家之長主持，全家同拜。祭品主要為雞和羊肉，取「吉祥如意」的寓意，同供在桌上的還有聚寶盆、紙製元寶等手工藝品，象徵富貴發

財、聚寶得財。人們把黃紙錢、財神紙馬在財神像前焚化後，拜祭就算完成。這一天的中午各家都吃餛飩，也叫「元寶湯」。祭財神，最熱衷的人莫過於那些紳商富賈，店家商戶。

商家一般要供奉三大財神：關聖大帝、玄壇趙公明和增福財神。大商號在歷年祭財神時都用五宗大供：一是整豬或用豬頭、前後爪、尾巴，象徵性地代表全豬，二是整羊或者用羊頭、前後蹄、尾巴代表全羊，三是整雞，四是整鴨，五是紅色活鯉魚兩條，用紅綠線拴上，供在正中央，稱「一魚二龍」，有借水得財之意。送神的時候，把松柏枝子架在秸稈上焚燒，同時焚香放鞭。

祭財神

　　有些人虔誠求財，僅僅在家中祭財神還不能滿足其強烈的致富心願。初二天剛破曉，街市上祭財神的爆竹聲就會響成一片。街道上車水馬龍，有錢人乘馬車、轎子，一般人家騎著驢，還有的乾脆步行，大家都朝財神廟奔去。一些富裕人家的家眷會從車窗往外撒銅板，表示進香的路上大做濟貧的善事。更有三更半夜便起床等候在城門口的人，好等到開城門後去給財神爺燒「頭炷香」。

　　有人祭財神求發財，也有人扮成財神賺錢。傳說正月初五是財神的生日，人們要為財神賀壽。這個時候，不少閒漢、乞丐穿上戲服，扮作財神的樣子，挨家挨戶地串門，說著發財的吉利話，向主人家討要錢物，俗稱「跳財神」。其實這又不合理了，財神明明是送錢的人，怎麼財神來了，反而還要損失錢物？「跳財神」的人能賺到錢，不僅是因為抱住了財神爺的大腿，還因為人們知道「財散方能聚」的道理，出於善良和吉利的心理，施捨錢物給這些可憐人。

善財童子

　　善財童子是觀世音菩薩座下的近侍，傳說中觀音身旁有金

童、玉女兩位護法，玉女指的是龍女，金童便是善財童子了。佛經上說，福城中有一位長者生了五個兒子，善財童子就是其中之一。

　　善財童子出生的時候，地上神奇地湧出各種奇珍異寶，家人找來算命的相師看，就給這個孩子取名為「善財」。

　　善財童子少年修行，在文殊菩薩的指點下，花了四十多年，走過上百座城池，拜訪過五十三位高人，最終功德圓滿。善財童子進入佛界之後，拜在觀世音菩薩的門下，輔助觀世音菩薩普度眾生，現童子身。民間百姓因為他神奇的出生和善財的名字，附會他為財神，認為他能夠保佑人們獲得財富。

善財童子

錢神入夢

　　古人最初並沒有貨幣，只是以物易物，後來才有了貝殼、刀幣、布幣等。秦統一中國後，錢幣也統一做成方孔圓形的式樣。唐代開始，皇帝用年號來命名錢幣，如開元通寶、大唐通寶、永樂通寶等。古代的錢幣上，都刻著圖案和文字，圖案有龍馬、龜蛇、魚鳳等，文字如福山壽海、千秋萬代這樣的吉祥話。錢幣不僅是流通的貨幣，還含著人們祈財的願望。

　　「錢神」是一種文人的說法，多是用在文章、詩詞中嘲諷那些愛財如命的守財奴。西晉的時候，有一位叫魯褒的老先生，看不慣社會上那些愛錢如命的人，寫了一篇《錢神論》，說世人不管做官還是讀書，都是為了錢財而已。有錢人，連小鬼都能夠買通為他做事。

　　《錢塘遺事》裡寫了一個「錢神入夢」的離奇故事。賈似道是南宋末年的奸臣，為保榮華富貴，上朝逼迫皇帝給蒙古人進貢銀錢。晚上回家做了一個夢，一個圓臉方口的男人，對他說：「我是金主，天下事你說了不算，我說了才算。你的官還能做三年，而我在六年以後，也不再管人間事了。」三年之後賈似道被免職，六年後錢幣不再流通了。這時候他才明白，原

來那個圓臉方口的男人就是「孔方兄」的化身，也就是所謂的「錢神」。

搖錢樹與聚寶盆

　　搖錢樹是民間傳說中的神奇寶物。原理上，搖錢樹屬於一種心理幻想：春天，我種下一百元，秋天，我收穫了一百萬。這種幻想不是現代人才有，古人早就想過了。舊時候的春節，有些人家用紅紙剪出搖錢樹的剪紙，貼在門窗上招財；也有富貴人家在大瓷瓶裡插上松柏枝或者萬年青，掛滿了古錢、元寶、石榴樣式的絨花和各色剪紙，這是用來祈求來年招財進寶、發家致富。

搖錢樹與聚寶盆

　　早在東漢的時候，人們已經有了搖錢樹的概念。瓷器上畫著的「搖錢樹」圖案，是一棵長滿了金錢的茂盛大樹，王母、神人、騎羊的、騎馬的、張弓的，各式各樣的人圍在四周，有童子用竹竿打落錢幣，另一童子在下面撿起。

　　《三國誌》裡記述了一個關於搖錢樹的故事，說是一個叫邴原的人，在路上拾到了一串錢，由於沒有找到失主，於是把這串錢掛在了路旁的大樹上。後來路過這棵樹的人，看見樹上掛著錢，以為是神樹，紛紛拿出自己荷包裡的錢掛在上面，以祈求得到更多的金錢。這大概就是最早的搖錢樹，和西方的聖誕樹有點兒相似。

　　聚寶盆也是傳說中生財的寶物，扔進去一顆鑽石，生出來一盆鑽石。取之不盡，用之不竭。年畫上的聚寶盆，純粹是讓大家過過眼癮：巨鼎大盆裡，數不盡的金錢、元寶、珊瑚、寶石……能夠讓人看到眼睛發直。

　　「聚寶盆」的傳說和江南富豪沈萬三有關係。當年沈萬三還沒有發跡的時候，夜裡做夢，夢見上百個青衣人向自己跪地哀求，請他救性命。

　　第二天，沈萬三去河邊轉悠的時候，突然看見一個漁夫抓

了上百隻青蛙要拿去賣掉，沈萬三心中不忍，想起了之前做的夢，於是花錢買了這些青蛙放生。

回家的路上，他看見路邊擺著一隻瓦盆，裡面蹲著好多只青蛙，覺得很奇怪，就把瓦盆撿回去做洗手盆。沈萬三的妻子在洗手的時候，不小心把銀鐲子掉落在盆裡，片刻間滿盆銀鐲子。大驚之下，再找了一塊金子丟進去，又是爆滿。從此，沈萬三就靠著聚寶盆，成為天下首富。

水與財

古人認為，水就意味著財富，錢也被稱為「泉」，意思是錢如泉水，流通循環。過去的相書中，說女人是水命。家裡的丈夫怕老婆，就容易發財；反之，打老婆的男人肯定會倒霉，就算有財運也會失去，因為女人是一家中的財富源泉。富貴人家蓋新房子選地址，常常願意選擇靠水而居的處所，稱之為「明堂聚水」。若是人做夢夢見水，也是好事，說明要發財了。如果夢見水，又夢見魚，就更好了，魚諧音「餘」，是「財中得富餘」的意思。如果夢見一池子金魚就更了不得，是「金玉滿堂」的吉兆。總之，有水就有財，有魚自然富富有餘了。

劉海戲金蟾

劉海蟾是五代時候的人，原名劉操。此人很有才華，十六歲就中了進士，曾經做過燕王劉守光的丞相。

傳說有一天劉海蟾家裡來了一位道士，向劉海蟾要了十個雞蛋，十枚銅錢，用雞蛋和銅錢壘成了一座塔。劉海蟾看著那座塔搖搖欲墜，不禁說了聲：「危險！」誰知那道士冷笑道：「你的處境要比這座塔更危險！」於是把雞蛋銅錢塔一把推倒。劉海蟾突然認識到，雖然現在自己身居高位，但攀得越高摔得越重。原來這位道士是「八仙」之一的鍾離權，劉海蟾從此出家，拋棄了榮華富貴，後來拜呂洞賓為師，得道成仙。

劉海戲金蟾

　　蟾其實就是癩蛤蟆，但中國傳說中的三足蟾，卻是一種靈獸。老輩人常說，太陽上有三足金烏，月亮上有三足金蟾，也有人把三足金蟾稱為「月精」。民間俗信說，三足蟾招財，能夠使人財源茂盛。廣東人認為，金蟾是喜歡吞噬金錢的旺財靈獸。因為劉海蟾出家後的道號是「海蟾子」，北宋的時候，人們根據這個「蟾」字，附會出了「劉海戲蟾」的傳說。據說金蟾本來是危害人間的毒蟲，劉海蟾以一串錢引得金蟾上鉤，最終降伏了這個毒蟲。從此，劉海蟾手上的金蟾，就能夠源源不斷地從口中吐出金錢，施捨周濟給天下的貧苦百姓。

　　民間年畫中，常能見到《劉海戲蟾》的圖畫，劉海蟾蓬頭赤足，袒胸露懷，手裡舞動著錢串，地上有一隻三足金蟾跳躍著叼著錢串的另一頭。

貔貅

　　貔貅是古代神話中的神獸，是龍的第九個兒子。傳說中貔貅專門愛吃各種金銀珠寶，誰家如果丟了財寶，那肯定就是貔貅給偷吃掉了。這個貔貅寶貝，和聚寶盆的功能很像，受到了龍王和玉皇大帝的寵愛，沒事就跑去天宮溜躂。不過，貪吃始

終不是太好的事情，尤其是這個貔貅，什麼寶貝都往自己肚子裡吃，消化不良，拉肚子了，把天宮搞得一塌糊塗，氣得玉皇大帝一巴掌拍在貔貅的屁股上，這巴掌威力太大了，搞得貔貅的屁眼都被封住了。從此以後，貔貅就只吃不拉，只進不出，典型的招財聚寶。人們聯想到，如果做生意能夠像貔貅一樣，只進不出，豈不妙哉？為了讓貔貅能夠吸納財富，民間在商舖或者家中擺放貔貅，都是把貔貅的頭嘴衝著門外和窗外。

貔貅

❈ 生肖：屬相的曲調 ❈

生肖，是中國文化中的一個神祕投影。

上古的時候，文字還沒有被發明出來，人們想要記住數字和事情，就在繩子上打結，每一個繩結標誌著一個重要的記憶；要想記住過去了幾年，就看青草的榮枯，草每青一次，就是一年。後來人們發現，可以用月亮的陰晴圓缺衡量和記錄時間，每經過十二次月圓，就是一年，也就是現在的十二個月。

因此，「十二」被看作吉祥圓滿的「天之大數」。每年的臘祭，古人要跳儺舞，在儀式上選中十二隻神獸，對應十二個月，以求一年的平安。那些刻畫在石壁上的圖騰，傳說中的兇猛動物，還有人們熟悉豢養的禽畜，牠們不同的習性和特殊能力，讓古人感到崇拜和依賴。圓滿的「十二」加上吉祥的「神獸」，形成了十二生肖的最初構想。

此外，十二生肖的產生還有古代天相家的一份功勞。干支紀年法出現後，人們便採用十二地支記錄一天的十二個時辰，依照十二種動物的生活習慣和活動的時辰，確定了中國人最熟悉而又十分親近的十二生肖。十二生肖與十二地支一一對應：

子與鼠、丑與牛、寅與虎、卯與兔、辰與龍、巳與蛇、午與馬、未與羊、申與猴、酉與雞、戌與狗、亥與豬。每十二年一個循環，每六十年一個甲子。

哪年出生的人就屬於哪年的地支所對應的動物，不同的生肖，預示著人們不同的性格與命運。每一個新年，都對應著一個本命生肖，本命年的人們，要穿紅衣服，扎紅腰帶。關於生肖的吉祥故事和吉祥話，別緻有趣，既能在拜年時脫口而出，也是茶餘飯後的趣味談資。

子鼠

鼠對應子時，是指午夜十一點到凌晨一點。這是一天中的最後時刻，也是新的一天的開始。這個時候黑夜降臨，萬籟俱寂，人們大多已經進入了夢鄉。在這漫漫長夜之中，最先活躍的是老鼠。老鼠趁著夜深人靜，跑出來偷米偷油，子時便成了老鼠的天下。

民間對於老鼠的評價一並不好，老鼠就是典型的小偷，「賊眉鼠眼」、「獐頭鼠目」都是貶斥老鼠的。老鼠偷食不說，還要順帶著搞破壞，衣櫥、糧倉、書籍，能啃的都啃壞，讓人深

惡痛絕。所以有「老鼠過街，人人喊打」、「一顆老鼠屎，壞了一鍋湯」的俗語。但是，作為文化符號的「鼠」，並非全是負面，也有著聰明、吉祥的寓意。相傳在遠古的時候，玉皇大帝要挑選十二種動物作為生肖，怎麼選呢？考試。

　　玉皇大帝讓動物們第二天賽跑，終點設在南天門，按照到達南天門的名次來選。牛是最勤快的，起得最早，跑得也很快，誰知道老鼠非常狡猾，偷偷地趴在牛背上，等到牛要到終點的時候，奮力一躍，老鼠得了個第一名，排在了子時。

子
鼠

　　在中國民間的傳說中，鼠還是帶來光明的英雄。過去有個「鼠咬天開」的傳說。傳說中，不僅一天開始於子時，天地也生成於子時。天地剛開始生成，一片混沌，連個縫隙都沒有，

氣體跑不出，世界十分擁擠，是老鼠一咬，才在混沌中開出了一條縫，世界從暗夜走向黎明。而老鼠因為耗去了子時的混沌之氣，所以外號叫「耗子」。另外，民間還流行《老鼠嫁女》的吉祥年畫、剪紙，幾隻老鼠轎夫，抬著一隻花枝招展的老鼠新娘，吹吹打打，十分喜慶。比較有趣的是，山西等地的年畫裡，老鼠嫁女，新郎卻是一隻貓，充滿了民間的詼諧。

　　鼠年拜年吉祥話：數（鼠）一數（鼠）二、聰明如鼠、鼠兆豐年、鼠報吉祥。

丑牛

　　凌晨一點到三點是丑時，對應屬相為牛。傳說中是因為老鼠耍滑，牛才屈居第二。此時已經由黑暗逐漸轉向光明，有人說，這個時候老鼠已經咬開了天地的裂縫，接下來要「地辟於丑」，牛是應該在丑時出來闢地耕耘的動物，所以丑屬牛。其實凌晨一點到三點，牛也在牛棚裡休息，不過牛習慣夜間吃草，鄉村的莊稼人經常在深夜起來挑燈餵牛。

　　牛脾氣很倔，甚至有點愚笨。人們常用「牛脾氣」、「鑽牛角尖」形容脾氣倔強的人，用「吹牛皮」批評愛誇張的人。

即便如此，牛在中國人心中，更多的還是優點。

　　從殷商起，牛就是帝王祭神的重要貢品，為「三牲」之一。牛勤勉，孔子曾坐著牛車周遊列國，認為做人應該像牛一樣，摒棄浮華的功名利祿。在農業社會的中國，如魯迅先生所寫的「俯首甘為孺子牛」，牛是非常重要的牲畜。牛能耕田幹活，

也能當交通工具，還要被吃肉燉湯；牛皮可以做成錢包、皮鞋和各種裝飾品。牛還有一種樸實淡泊的氣質，大智若愚，與世無爭。道教中的聖人老子騎著青牛，飄然成仙；《牛郎織女》中的牛郎，就是一個牧牛人，因為得到了牛神的幫助，最終與織女結為夫妻，牛郎織女相會的七夕也因此成了有情人的如夢佳期。也正因為如此，中國人對牛禮遇有加。古人在立春的時

候要舉行「鞭春牛」儀式，以此促農。百姓農家常貼「春牛圖」，不少地方還給牛過生日，四月初八是「牛王節」，少數民族還有牛神崇拜。

牛年拜年吉祥話：扭（牛）轉乾坤，牛氣生財。

寅虎

凌晨三點到五點是寅時，對應屬相為虎。虎是百獸之王，自有一種王者風範。天微微見白，老虎在休養生息之後，開始縱橫山野，呼嘯山林。

「寅」字本身就有敬畏之意，古人在嚴酷的生存環境下，對這種兇猛野獸有一種天生的恐懼感，而虎傷人、殺人之事也時有發生，所以普通人不免談虎色變。

虎的聲威和形象具有極強的震懾力，故此，原始先民有虎圖騰崇拜，帝王常用「虎符」、「虎將」、「虎賁」來命名兵符和身邊的勇士；民間百姓則以虎的陽剛之力來驅邪鎮宅，過年的時候貼《五虎圖》《鎮宅神虎》《猛虎下山圖》；小孩子穿虎頭鞋、戴虎頭帽，玩小老虎形狀的玩具；五月初五的端午節，人們在窗戶上貼著老虎和葫蘆的剪紙，用雄黃酒在小孩子

的額頭上寫上「王」字，男女老幼均佩戴「艾虎」——用艾草紮成的虎形物，有「艾虎震五毒」之說。不過，虎也有怕人的時候，如飛將軍李廣夜射白虎，《水滸傳》裡武松景陽岡赤手空拳打死白額吊睛老虎，黑旋風李逵也曾殺死五頭老虎。

　　虎年拜年吉祥話：虎虎生威，膽大如虎，虎躍新程，虎踞龍盤、生龍活虎、如虎添翼。

寅
虎

卯兔

　　清晨五點到七點是卯時，對應屬相是兔。此時天剛剛亮，兔子正好出窩活動，啃吃帶著晨露的青草，故為「卯兔」。古人以為，「卯」是日出之象，太陽從東方升起，就像是被天空

吐出來一樣，被稱為「吐而生子」。「吐子」諧音「兔子」，《封神榜》中周文王曾被逼吃下長子伯邑考的肉，吐出一隻兔子，「吐子」的說法也因此而成。

　　兔子的特點是跑得快，但是比較膽小，不算穩重，所以有了「龜兔賽跑」中失敗的教訓。但是兔子性格溫和，行動機敏，長耳朵粉粉嫩嫩，白色絨毛和無辜的紅眼睛，令人心生憐愛。古詩記載，連專為捕獵而去的帝王天子也對小兔心生憐惜，不忍捕殺。民間關於兔子的寓言故事很多，比如「守株待兔」，一個人抓住了一隻意外撞死的兔子，就一直等下去。

卯
兔

　　「追跛兔」的故事，說的是一個老頭背著一背簍冰糖趕路，遇見一隻兔子，兔子很想吃冰糖，就裝跛。老頭一看這兔子腿

不好使，就想抓兔子。兔子一會兒快一會兒慢，累得老頭暈了，聰明的兔子終於吃到了冰糖。遠古傳說中，太陽中有金烏，月亮中有玉兔。玉兔也被稱為月精，月宮的嫦娥仙子一出現，懷裡總是抱著一隻玉雪可愛的白兔。在小說《西遊記》裡，玉兔精也曾思凡下界，假扮成公主想和唐僧成親。北京人在中秋節的時候供兔爺兒，供奉的也是這只拿著玉杵搗靈藥的玉兔。

兔年拜年吉祥話：瑞兔迎春、動如脫兔、揚眉吐（兔）氣。

辰龍

早上七點到九點是辰時，對應屬相是龍。此時旭日東昇，霧靄漸升，群龍此時駕臨，行雲布雨，所謂「龍行一步，草木皆春」。

辰龍

　　龍是十二生肖中唯一的傳說中的靈獸，春分的時候飛天吐雲，秋分的時候潛入深淵。

　　民間傳說，龍的叫聲像銅盤敲響般洪亮，估計是從打雷的聲音中想像出來的；龍的口水是香的，也稱「龍涎香」。「龍」在中國的歷史極為久遠，原始社會，太昊氏族就奉「龍」為威猛神祕的圖騰；到了漢代，黃色的龍被看作帝王的象徵。皇帝自稱「真龍天子」，所有有關龍的事物都被蓋上帝王的烙印，其他人不得擅自使用。皇帝生氣是「龍顏大怒」，皇帝穿衣服是「龍袍加身」，睡覺的床是「龍床」，以此強調君權是神明所授。有個成語叫作「葉公好龍」，說葉公特別喜歡龍，家裡的各種物件都用龍的圖案裝飾。結果有一天，龍真的在他的面前現身，他卻嚇暈了。即便到了現代，每年農曆二月初二要過「春龍節」，吃龍鱗餅、龍鬚麵，唱《龍的傳人》。

　　龍年拜年吉祥話：祥龍獻瑞、龍騰虎躍、龍行虎步、龍躍鳳鳴、龍馬精神。

巳蛇

　　上午九點到十一點是巳時，對應屬相是蛇。此時大霧散去，

艷陽高照，群蛇出洞覓食，故作「巳蛇」。「巳」在《易經》中是四月的卦象，值此之時，春草茂盛，蛇利用草掩藏其行蹤，走蛇道而不闖人路。在人們的心目中，蛇是一種既神祕莫測又冷血可怕的動物。說蛇神祕，是因為中國人有「蛇崇拜」，遠古祖先伏羲、女媧兄妹就被畫成連體的人首蛇身形象，而他們又結為了夫妻，成為中國人的始祖。

巳蛇

　　蛇又和龍有著千絲萬縷的關係，國人稱蛇為「小龍」，這是因為「龍能變化，蛇亦有神」。蛇居龍之下，皇帝是龍，大臣就是蛇；聖人是龍，君子便是蛇。說蛇可怕，古人確實很懼怕蛇，兩個熟人見面，先四處瞧瞧，鬼鬼祟祟地問一句：「無

蛇嗎？」其實只是寒暄一句：「您吃了沒有？」

《玄中記》裡寫到一種巨蛇，說崑崙西北有一座周長三萬里的大山，這個巨蛇卻能夠盤繞這個大山三圈，足足有九萬里長。有如此巨大的蛇，那麼「蛇吞象」之說也並不稀奇了。蛇在文學作品和民間傳說中，名聲不壞。《白蛇傳》裡的白素貞和小青有情有義，《蛇郎君》裡的蛇神英俊瀟灑，神通廣大，都展示了蛇智慧和靈性的一面。

蛇年拜年吉祥話：蛇序呈祥；銀蛇迎春；時（蛇）來運轉；蛇年富貴；蛇盤兔，必定富。

午馬

上午十一點到下午一點為午時，對應屬相是馬。此時陽氣達到了鼎盛，陰氣正在萌生。古人觀察原野上的野馬，在此時來去如塵，奔跑嘶鳴，故稱「午馬」。按照中國的陰陽五行之說，馬馳騁奔跑，四蹄忽而騰飛，忽而踏地，騰空為陽，踏地為陰，馬在陰陽之間躍進，所以成了午的屬相。

馬在中國文化中，是一種俊逸、高貴、奔放而富有生命活力的動物。

　　馬是出行和征戰的必需裝備。名馬，相當於現在的限量版豪華跑車。三國時代，名馬輩出，其中最猛最能打仗的呂布，所騎的就是赤兔，被時人譽為「人中呂布，馬中赤兔」。這匹赤兔馬後又經過曹操之手，送給了關羽。此外，周穆王的八駿，秦始皇的追風，項羽的烏騅，劉備的的盧，曹操的絕影，都是傳說中的寶馬神駿。漢武帝為了得到大宛的汗血寶馬，不惜兩次遠征西域。

午
馬

　　唐宋八大家之首的韓愈在《馬說》中講「世有伯樂，然後有千里馬。千里馬常有，而伯樂不常有」，就是以良馬比喻人才，而會相馬的伯樂被喻為君主。

　　馬年拜年吉祥話：天馬行空、馬到成功、一馬當先、龍馬精神。

未羊

下午一點到三點是未時，對應屬相是羊。此時太陽仍然灼熱，不過陽氣逐漸消減。有經驗的放羊倌把這個時辰稱為「羊出坡」，意思是放羊的好時候，羊吃了未時的草，膘肥體壯，且不影響草的再生。

羊是吉祥、平安、仁、善、美的象徵。古代羊與陽相通，羊崇拜與太陽崇拜合二為一，有羊神即太陽神之說。中國西部原始部族的羌族，就是崇拜羊的族群，以「羊」為圖騰。

古人多以羊為祭品，用來向神靈祈福。「羊」與「示」結合，就是吉祥的「祥」字。帝王用三隻羊祭祀，祈求國泰民安，所以又有「三陽開泰」的吉祥話。

未羊

　　除了吉祥，羊的溫馴纖柔還能令人聯想到美和善，「羊大為美」，一個是說羊肉鮮美，烤羊腿、涮羊肉、羊肉串都是饞嘴食客的最愛。

　　另外古人常以羊比喻女子，而女人的美麗和溫柔也和羊有相似之處。中國北方的遊牧民族，很早就馴化了山羊與綿羊，羊與人常相陪伴，綠色的草原、白雲與羊群如北朝民歌《敕勒歌》中所唱「天蒼蒼，野茫茫，風吹草低見牛羊」，一派悠遠蒼茫的景象。還有西漢使臣蘇武，被困於北海牧羊十九年。

　　關於羊的俗語，有「羊毛出在羊身上」、「亡羊補牢，為時未晚」、「掛羊頭賣狗肉」等。

　　羊年拜年吉祥話：三陽（羊）開泰、揚（羊）揚（羊）得意。

申猴

　　下午三點到五點是申時，對應屬相是猴。日落黃昏，猴子們在林中伸臂跳躍，奔跑玩鬧。申有「伸」的意思，猴子精靈古怪，活潑頑皮，擅長伸屈攀援，故申時屬猴。

　　最初的「猴」寫作「侯」，獵人們在樹林中設置了捕獵機關，放上食物誘惑，猴子很聰明，並不立刻就去取食，而是在

樹枝高處觀望許久，等不見了人影才去取走食物。

　　稱猴子為「侯」，是猴子善於等待和觀望的意思。猴子的

申
猴

模仿能力很強，民間故事說到一個賣草帽的小販，擔著一擔草帽去市集，途中在樹旁睡著了。醒來後發現草帽被一群猴子拿去戴在頭上玩兒，小販很著急，就又跳又喊，可是猴子們根本不理他，甚至還學他的樣子。氣得他火冒三丈，把頭上戴著的草帽扔在了地上，誰知猴子們見他扔草帽，也紛紛把草帽扔了，小販也因此收回了草帽。

　　猴子還是一種吉祥動物，猴子爬在楓樹上掛印，叫「封侯掛印」；猴子騎在馬背上馳騁，叫「馬上封侯」；猴子攀爬大樹，

後背背著小猴子，叫作「輩輩封侯」。總之都和做官有聯繫。

古人將猿與猴劃為同類，所以有猿猴的稱呼。如同凡人和聖賢之別，比起猴子，猿更多了幾分仙氣。唐傳奇中有不少關於白猿得道，精通劍術占卜的故事。而最有名的猴子當然是《西遊記》裡的齊天大聖孫悟空。他本領高強，火眼金睛，愛憎分明，斬妖除魔，是中國人最喜歡的猴子形象。

猴年拜年吉祥話：馬上封侯、輩輩封侯、封侯掛印、靈猴獻寶、金猴獻桃。

酉雞

下午五點到晚上七點是酉時，對應屬相是雞。太陽落山的時候，各家各戶的雞也開始回窩，故稱「酉雞」。

酉
雞

　　雞是一種很特殊的家禽，在象徵意義上，雞和鳳凰有著似有若無的聯繫，這種聯繫包括外形的相似，雞和鳳凰的頭部很像，而公雞的尾巴和羽毛雖然不及鳳凰那般華麗多彩，卻也足夠炫麗了。

　　鳳凰是一種吉祥的靈禽，而雞也具備吉祥的寓意。雞又是傳說中太陽上的金烏。「雞打鳴，太陽升」，《玄中記》記載，太陽中有一隻黑色的神鳥，叫作三足金烏。相傳在湯谷那個地方長著一棵扶桑樹，太陽就棲息在這棵樹上。三足金烏負載太陽每天早晨從東方扶桑神樹上升起，到了晚上便落在西方若木神樹上，循環往復，普照宇宙，滋潤大地。

　　有人說三足金烏是一隻烏鴉，但是雞和人的關係更加親密，而雞鳴與太陽的獨特關係，讓人們更加相信，太陽裡確實有一隻神雞存在。農曆二月初一中和節，是太陽神的生日，北方人在這天會吃「太陽糕」，也叫「小雞糕」，是一種打上小雞戳記、插著江米小雞的糕點。

　　雞還有驅邪呈吉的寓意，雄雞報曉天下白，雞一打鳴，那些妖魔鬼怪、蛇蠍毒蟲就要退避三舍了。

　　雞年拜年吉祥話：金雞報喜、吉（雞）祥如意、吉（雞）

祥有餘、佔盡先機（雞），金雞迎春。

戌狗

晚上七點到九點是戌時，對應的屬相是狗。夜幕降臨，華燈初上，主人已經上床休息，家裡的狗忠誠威猛地守護在大門前，一有動靜，就汪汪大叫，故為「戌狗」。

狗不但忠於職守，而且非常重情義。俗話說「兒不嫌母醜，狗不嫌家貧」，一戶人家哪怕再窮，貓會走掉，但是狗會一直陪著主人。

《搜神記》裡講了一個義犬的故事，一個叫李信純的人養了一隻叫黑龍的狗。某天，李信純出城喝醉了酒，在回家的路

戌
狗

上醉倒在草地裡睡著了。正好遇上當地的太守出獵，看見田間草深，命手下放火燒草。黑龍看見起火，用嘴撕咬主人的衣服，無奈李信純醉得醒不過來。黑龍跑到離主人最近的小河旁邊，把身體沾濕後再跑回來，將主人周圍打濕，如此往返多次。李信純倖免於難，但是黑龍卻被活活累死了。太守聽聞黑龍的義舉，特別為牠修築了一座義犬塚。

　　狗也有神祕的一面，古人觀察天象，發生日全食的時候，就聯想到，那是一隻天狗把月亮吞了，於是人們就跑出來敲鑼打鼓，好嚇走天狗，這就是「天狗吃月亮」的傳說。

　　狗也分好壞，惡霸地主家的狗，因為「狗眼看人低」、「狗仗人勢」，變成了窮人的夢魘。人們也常把主人身邊的惡奴稱為「狗奴才」。尤其是要飯的乞丐，手裡都拿著棍子，遇到攔路咬人的惡狗，就要施展出「打狗棒法」來才行。

　　狗年拜年吉祥話：黃犬送佳音、犬守久安家、犬護祥和宅、十全（犬）十美、事業興旺。

亥豬

　　晚上九點到午夜十一點是亥時，對應屬相是豬。夜深人靜，

天地間又沉入夜色的混沌中，如同果實包著果核一樣。這時候能聽見豬拱槽的聲音，於是稱作「亥豬」。在不少人眼中，豬是比較蠢笨無知的動物，「胖豬」、「蠢豬」被當成罵人的話。其實豬有很多優點，比如寬厚豁達、樂天知命、大耳有福，在古代有著很高的地位。《酉陽雜俎》中有這樣一則故事，唐代天相學家僧一行年輕時曾被一位老婆婆救濟。某天，老婆婆求救於渾天寺門前：原來，她的兒子錯手殺死惡人入獄，被判了死刑。僧一行無法拒絕，於是叫人在密室裡放了一口大甕，隨後叫過來兩個僕人，給他們一個布囊，說：「你們去一處廢園，夜裡潛伏其中，會有七個東西進來，你們必須全部抓住，一個都不能少。」亥時，兩個僕人潛藏在那座廢棄的花園中，果然抓住了七隻豬。僧一行把豬裝進大甕，加蓋糊泥，寫上咒語。次日一早，唐玄宗緊急召見僧一行，說：「太史奏報，昨夜北斗星不見，此為何兆？」僧一行說這是天的警告，應該大赦天下。唐玄宗表示同意，於是，老婆婆的兒子得救了。當夜，北斗七星就出現一顆，隨後每天多一顆，七日後全部出現。原來那北斗七星都是豬神，也被稱為豬龍，是天帝的坐騎。

　　豬的著名祖宗，還有《西遊記》裡拿著九齒釘耙的豬八戒。

豬八戒本來是掌管天河十萬天兵的天蓬元帥，因為貪酒好色、調戲嫦娥被玉皇大帝貶入凡間，錯投了豬胎。在跟隨唐僧取經的路上，豬八戒插科打諢，笑話不斷，雖然有懶、饞的毛病，但終歸修成正果，被封為「淨壇使者」。

　　豬年拜年吉祥話：諸（豬）事順利；諸（豬）事順遂；豬生財利；金豬報喜；豬入門，百福臻；諸（豬）事大吉。

亥
豬

數字：中國式哲學

　　在中國文化中，數字是一種蘊含吉祥的哲學。老子在《道德經》中說：「道生一，一生二，二生三，三生萬物。萬物負陰而抱陽，沖氣以為和。」大家看到這段話，覺得玄妙得不得了，怎麼數字生出了整個世界？其實這是一種比喻，老子說的「一」、「二」、「三」指的是「道」創生萬物的過程。

　　在歷史的漸變中，數字從圖騰般的神位中，逐漸演化成世俗生活中的一部分：古人把數字分為陰陽兩種，奇數為陽，偶數為陰。又巧妙地將數字和吉祥聯繫起來，從一到十，乃至百、千、萬，都被中國人運用在吉祥話中，形成了獨具魅力的數字吉祥，用以表達中國人對數字的崇拜，對吉祥的祈福和對人生的喜悅。

奇數

一

　　一天一地，一朝一夕，一榮一枯。和諧而完美，獨立而統一。

　　中國的數字「一」如同一個巨大的母體，在時間與空間中孕育而成，它是開始，也意味著一個完整的循環。它是萬物之本，是矛盾的源頭，也是二者的歸宿。關於數字一的吉祥，大概開始於心思靈慧，愛好逍遙一遊的莊子，他喜愛並追隨「天人合一」的美妙感受，漢代的董仲舒則以此為基礎，構建了中華傳統文化中天人合一的主體。這種高深的境界，常被用來形容修道者，也是人類尊重自然規律的表現。古人認為，人們應該順應天地的變化，隨著變化而做出調整，這樣才能不受災禍，得到吉祥。

一鳴驚人——楚莊王

帶「一」字的吉祥語——一鳴驚人：說的是一隻鳥三年都不曾鳴叫、飛翔，積蓄力量後的飛鳴會令人震驚，用來比喻和稱讚那些平時低調內斂，在適當時候做出驚人成績的人。

一塵不染：本意形容菩薩的修為，不染塵物。可用來讚美心地純真乾淨，不受周圍污濁環境影響的高尚之人。

一表人才：形容人容貌英俊，儀表不凡且才華橫溢。

一片冰心：比喻性情淡泊，不求名利。

一舉千里：天鵝一飛就是一千里，比喻前程遠大。

一帆風順：指航船掛著滿帆，在行駛的路途中沒有遇到任何阻礙，順風順水地到達終點。

三

「三」表達了融和、穩定與悠遠。

當陰陽二氣交匯，「和」便產生了。「陰陽和」是融為一體的三個點，如同中國古代帝王的立國之器——三足大鼎，是穩定的象徵。「三光」是天空中的日、月、星；「三維」是無限空間中的長、寬、高；「三」還是萬物的直接哺育者，直指上古開天闢地的創世之神。「三」也是多的代指。當了一輩子的大官，被人稱為「三朝元老」；大家族的天倫，常以「祖孫

三代」共聚為理想；家長為孩子能受到良好教育而多次搬家的，叫作「孟母三遷」；許久未見的戀人常說：「一日不見，如隔三秋。」、「三」是天地人之道。乾隆年間有一副很出名的對聯，有人出上聯說南方是「千山千水千才子」，對答者的下聯則說北方「一天一地一聖人」。天色蒼茫，皚皚白雪的大地上行走著一個悠遠的背影，當他轉過身來，人們彷彿能看見他那智慧、謙和而寬容的微笑──那便是儒家的先師孔子。這對聯恰恰以「天地人」之道表達了讀書人對孔子的敬慕與追懷。

　　帶「三」字的吉祥語──三陽開泰：用以新年時稱頌歲首或祝福吉祥。

三陽開泰

歲寒三友：松、竹是經冬不凋的植物，梅花耐寒開放，古代文人以此比喻君子風骨，故有「歲寒三友」之稱。

三星高照：本是對新婚之夜的纏綿描述，以天空中的星星表達時光的流轉和對愛情的誓言。後世以「三星」代指福、祿、壽，形容一個人福氣多，仕途順，長壽，好運達到頂峰。

五

「五」表達了尊貴、交融與中庸。

古代的皇帝身著華服，頭戴珠冠，面色沉靜威嚴，被匍匐於腳下的臣民稱為「九五之尊」。在《易經》中，陽數「九」為最高，「五」居正中，因而以「九五」象徵帝王的權威，稱之為「九五至尊」。《說文解字》中的「五」，被解釋為「陰陽在天地之間交午也」。陰陽，天地，交午。這是一個交融的時機，天時地利人和，所以古人認為，作為幸運數字，「五」是男女皆宜的。

古代的先哲們也認識到「五」與「中」的天然對應，各自撰寫了殊途同歸的理論，告誡帝王要以「中庸之道」去治理百姓，公正、穩妥的統治才能保持長久。

孔子編撰《詩》《書》《禮》《樂》《春秋》，同時開壇

講學，與弟子們坐而論道，正式總結出三綱五常等社會規範。老子則認為，統治者的最高境界，便是治理百姓卻不為百姓所知。人們稱遠古的英明君主為「五帝」，合東西南北中為「五方」；以金木水火土為「五行」；食麻黍稷麥豆「五穀」，聽宮商角徵羽「五音」，品酸甜苦辣鹹「五味」。

　　帶「五」字的吉祥語──五福臨門：出自《尚書・洪範》：「一曰壽，二曰富，三曰康寧，四曰攸好德，五曰考終命。」意為如果一個人能夠長壽、富貴、康寧、好德、善終，便是有福。常用於新年祝福和春聯。

五穀豐登

五穀豐登：用來形容收成好，糧食豐收。

學富五車：常被用來形容那些讀書多、知識豐富的人。

五世其昌：舊時的婚禮上，人們會祝福新婚夫婦「百年偕老，五世其昌。」所謂的「五世其昌」，是祝願這對夫妻子孫綿延，能出現極有出息的後代，從這對夫妻開始，連續五世都繁榮昌盛。

七

「七」有神聖圓滿、隱秘與未知的寓意。

在西方的《聖經》中，上帝在前六天完成了宇宙的創造，賜福給第七日，定為聖日，也稱安息日。「七」的神聖不僅限於西方，東方佛教中有「七寶」和「七級浮屠」。「七寶」指七種寶物，含納了佛家淨土的光明與智慧。「七級浮屠」指的是七層佛塔，為佛塔的最高等級。民間常說「救人一命，勝造七級浮屠」。七在宗教信仰中，有著神聖和圓滿的寓意。

七亦是隱秘的，數字中的 7，是不對稱、不可分解的質數；「赤橙黃綠藍靛紫」是七色彩虹；而「多瑞咪發唆啦希」七個音符能合奏出美妙的音樂。夜晚，中國人遙望天上的北斗七星，利用斗柄所指的方向確定季節：斗柄指東，天下皆春；斗柄指南，

天下皆夏；斗柄指西，天下皆秋；斗柄指北，天下皆冬。

　　帶有「七」字的吉祥語──七縱七擒：比喻善於運用策略，使對方心服。三國時，蜀國丞相諸葛亮為鞏固後方，率領軍隊南征，正當大功告成撤軍時，南方彝族首領孟獲招集殘兵余勇襲擊蜀軍，雙方一交鋒，蜀軍就活捉了孟獲。諸葛亮從大局出發放他回去。孟獲先後七次被擒，最後真心歸順蜀國。

　　七步成詩：典故是三國時代，曹操之子曹植在兄長曹丕的逼迫下，在七步之內吟誦出著名的《七步詩》。詩中以「豆」和「萁」比喻兄弟，一句「本是同根生，相煎何太急」的質問不禁令曹丕汗顏，最終沒有殺害曹植。七步成詩或七步之才用以讚許一個人才智非凡，能在極短的時間內應答棘手的問題。多用於比喻人有才氣，文思敏捷。

七步成詩

九

「九」有陽氣鼎盛、身分尊貴的寓意，是豐富、完滿和天道循環的象徵。

《易經》中說：「以陽爻為九」。如農曆九月初九重陽節，因這一天日月並陽，兩九相重，所以叫重陽，也叫重九。「九五」用以指帝王的尊位，帝王身穿九龍袍，建造九龍壁，宴會的佳餚為九十九品，紫禁城的宮殿房屋總數為九千九百九十九。中國人從冬至開始，以畫素梅的花瓣、唱九九歌，作消寒詩以「數九」。「九九」八十一天之後，冬天便過去了，故此民間也有「九九歸春」的說法。佛語有云：「九九歸一，終成正果。」《西遊記》中唐僧師徒西天取經後經歷了八十難，因「九九八十一難」的定數，還要被老龜扔到通天河裡再受一回罪方成正果。「九」又有「久」的諧音，有「長長久久樂昇平」的吉祥寓意。

《素問》中說：「天地之至數，始於一，終於九焉。」九是陽數中的至高點，也是終點。當九數盡的時候便回轉到一，如同自然界的循環往復，生生死死。「九九歸一」即從來處來，到去處去，又回到原始的本初狀態。這種回歸象徵重生和昇華，也象徵人世間的秘密和天道的必然。

　　帶「九」字的吉祥語——九鼎大呂：古時傳說，夏禹鑄九鼎，象徵九州，是夏商周三代的傳國之寶；大呂是周廟大鐘。比喻一個人說的話力量大，分量重。

　　九州四海：泛指全中國。

　　養音九皋：用以比喻賢才隱居修德。

　　九天攬月：到天上的最高處去摘月，用以形容壯志豪情。

九九消寒圖

偶數

二

　　「二」是天地，陰陽，為兩儀。古代的思想家用「二」代指陰陽與天地。陰陽二氣在蒼茫氤氳的混沌之中相遇，生出了天地萬物。「二」是再次。如梅開二度，說的便是梅花再次開

放的美景。「二」是嫁娶結合的男女，古人常以《詩經‧國風》中的《周南》與《召南》比喻淑女與君子。「二」是動與靜，是生與死，是一切事物中的矛盾兩面。有白天便有夜晚，有太陽便有月亮，有花便有葉，有善便有惡，有生必有死。宇宙萬物，都在「二」的對立世界中向著無窮盡的未來，走向時間的深處。

帶「二」字的吉祥語——聞一知二：孔子問學生子貢，他自己與顏回哪一個更優秀一些，子貢謙虛說顏回聞一知十，自己只能聞一知二。用以形容一個人有智慧，善於類推，聽到一點兒就能依此類推。

二人同心：兩個人心意一致，所產生的力量足以切斷堅硬

二姓之好

的金屬；心意一致時所說的話，所散發的味道就像蘭花一樣，令人心曠神怡。比喻只要兩個人同心協力，互相信任與合作，就能夠戰勝所有困難。可用於對新婚夫妻的祝福，引申為夫妻和合的興家之道。

才貫二酉：傳說大酉、小酉（在今湖南沅陵縣）是兩座山，那裡的藏書很多。用來形容一個人讀書多、學識淵博。

二八佳人：指十五六歲的豆蔻美女。

二姓之好：指兩家因為婚姻關係而成為親戚。

四

「四」給人稜角分明的印象，象徵平穩、天下，也是時空的無限延伸。

四方形的物品往往都有稜有角，如同中國魏晉名士的畸零風骨。「四」是平穩，如四平八穩的桌子。「四」也是天下，如漢高祖劉邦在《大風歌》中所唱的「安得猛士兮守四方」。「四」是全面，如每個人出生的年月日時，如四時八節，如仁、義、禮、智四德；「四」是無限，如春、夏、秋、冬四季，如東、南、西、北四方，如道家的道、天、地、人四大。

帶「四」字的吉祥語──四時充美：一年四季都很富足美好。

　　四角俱全：《紅樓夢》裡的薛姨媽說：「若要外頭說去，老太太斷不中意，不如把你林妹妹定給他，豈不四角俱全？」比喻一件事完美無缺。

　　四亭八當：形容一切事情都安排得十分妥貼。

　　四海一家：四海之內，猶如一家，用來形容天下一統。古人認為，中國四方邊境均有海環繞，按方位稱為東海、南海、西海和北海，所以有「四海」之說，四海指政權轄制內的國土。

四季平安

　　四海承平：意思是國家太平，沒有戰亂，百姓安居樂業。

四海承平雖然並非普通百姓常用的祝福語，但有國方能有家，只有國家統一、天下太平，民眾才有可能爭取小家的安寧。「四海承平」是君王的政績、士大夫的理想、百姓的期望，也是人們對民族、國家乃至世界和平的美好憧憬。

六

「六」代表祥和、天下與自然天成的美。

古人在締結婚姻前，有「六禮」之說，即納采、問名、納吉、納徵、請期、親迎六種儀式。樂府詩《孔雀東南飛》中寫到太守公子去劉蘭芝家提親一段，說太守「視歷復開書，便利此月內，六合正相應。良吉三十日，今已二十七，卿可去成婚」。古人又有「六經」，即《詩》《書》《禮》《易》《樂》《春秋》；「六藝」，即禮、樂、射、御、書、數六種技藝。儒家先師孔子便是編撰傳承六經、身兼六藝技能之大成者。「六」也代表著古老燦爛的文明，落魄的詩人吟誦著六言詩，懷念往昔的「六朝金粉」。「六」也並不完全是溫潤如玉的祥和，也有橫掃天下的霸氣。李白在《古風‧秦王掃六合》一詩中寫道：「秦王掃六合，虎視何雄哉！」、「六」亦是大自然中渾然天成的美。在微觀世界裡，許多昆蟲是六腿六足；蜜蜂用協調均衡的六面

體築造蜂巢；而寒冬裡飄落的晶瑩雪花，是精美得令人驚歎的
六角圖案。

六合同春

帶「六」字的吉祥語──眼觀六路：眼睛看到四面八方。
用以稱讚某人機智靈活，遇事能多方觀察，全面瞭解。

六六大順：民間百姓常行酒令，以「六六順」為「路路順」
的諧音。用以形容萬事順心如意，常見於新年賀詞。

六合同春：由「六合」一詞衍生的吉祥話，是天下皆春、
萬物欣欣向榮之意，常見於春節拜賀和春聯吉語之中。

八

「八」是悠遠的時空，是順暢發達，是世俗的生活。

傳說周穆王有八匹絕世駿馬，能日行萬里。《穆天子傳》

記載，這八匹駿馬以毛色命名，分別為赤驥、盜驪、白義、逾輪、山子、渠黃、華騮、綠耳。據說此八駿均能乘雲而奔，逐日而行。唐代詩人白居易在《八駿圖》中讚道：「四荒八極踏欲遍，三十二蹄無歇時。」八匹駿馬飛馳在空曠遼遠的荒野，嘶鳴聲聲，馬蹄陣陣，那該是莊子所說的「野馬也，塵埃也」般的蕭索與悠遠。

「八」也是一個極為重要的時間概念，人們常說的「四時八節」中的「八節」，即指立春、春分、立夏、夏至、立秋、秋分、立冬、冬至，又泛指一年四季中的各個節氣。「八」是中國人最喜愛的吉祥數字之一，很大程度上取決於「八」的諧音「發」，而「發」又常常與吉祥發財、興旺發達聯繫起來。

八駿圖

而「八方」、「八達」這樣的詞語更加深了順暢發達的意味。「八」的實用性注定了它是世俗生活中一筆看似隨意，實則深遠的濃墨。

帶「八」字的吉祥語——四通八達：指通往四面八方的要道。

八珍玉食：泛指精美的餚饌。

才高八斗：比喻人極有才華。

八面威風：即各個方面都很威風，形容人神氣足，聲勢盛。

十

「十」是久遠，是親切的懷念；「十」是充實、滿足，是無瑕疵的美。

秦漢時期的古道旁，每十里便有一處幽靜古雅的長亭，那是泗水亭長劉邦的帝位發源地，也是中國詩詞中繾綣纏綿的送別之地。宋代詞人柳永曾寫下「對長亭晚……執手相看淚眼，竟無語凝噎」的離恨；李叔同先生的《送別》，唱出了古道上的碧草青青，也飲盡了「十里長亭」那一壺充滿親切懷念的濁酒。有「十年磨一劍」的俠客，仗劍江湖，看盡了「十年生死兩茫茫」，挑落了天下不平事；那些「十載寒窗」，苦讀萬卷書的學子，所指望的就是一朝春風得意，「十分富貴」。待到

衣錦還鄉之時，最懷念的還是故鄉那「十里飄香」的桂花。待
到春節佳期，各家擺上「十碟十碗」的年夜飯，互相祝願新年
「十全十美」的時候，「十」的美便完成了一個無瑕疵的句號。

十美圖

　　帶「十」字的吉祥語──聲譽十倍：比喻人的聲望名譽地
位大大提高。

　　十成九穩：指事物的發展趨勢相當穩妥可靠。

　　十步香草：原意是每十步會發現一株香草，用以比喻到處
都有人才。

　　十全十美：即完美圓滿，形容事物無欠缺無瑕疵。

大數

顧名思義，大數是指那些代表數量較大的數字。如百、千、萬等。這些大數本身平淡無奇，但彷彿調味劑一般，只要與其他文字相結合，便能讓人不由得生出一種極限、至尊和曠古的博大意境：如「千山鳥飛絕，萬徑人蹤滅」的蕭瑟，又如「千思百想」的曲折，「千回百轉」的幽怨、「千軍萬馬」的壯烈、「千秋萬代」的永恆、「千山萬水」的明媚。大數與吉祥文字的結合，則有著令人意想不到的美感。

百

「百」是多，有涵蓋人間一切的意思；也有看盡世事後，濃淡由他去的意味。

百鳥朝鳳

　　《禮記‧中庸》說：「人一能之，己百之。」別人一次能學懂的知識，我花百倍的功夫去努力，一定能學通。這裡的「百」，克己恭謙，韌性十足。在生活中，人們說百官、百業、百工、百姓、百花、百味……每一個百，都有一種俯瞰人間百態的意味，彷彿站立在神靈的位置上總結陳詞。面對這種涵蓋一切的深廣，人們的眼睛裡現出了絢爛色彩，味蕾中跳出了色香味形，腦海中浮現出繁華富麗，情感上走過了前世今生，如同張擇端所畫的《清明上河圖》那般細緻與包容。待強烈的感受揮散後，中國人又以其海納百川的民族性格，面對百年即逝的人間滄桑，書寫了千古風流人物的淡泊與灑脫。

　　帶「百」字的吉祥語──百福具臻：用以形容和祝福人各種福運好事一齊來到。

　　身價百倍：形容人的聲望和社會地位大大提高。

　　海納百川：原指大海可以容得下成百上千條江河之水。用以讚美人包容，心胸寬闊。

　　百發百中：形容射箭或打槍準確，每次都命中目標。也用以讚美某人做事總有充分的把握。

　　百尺竿頭：比喻極高的官位和功名，或學問、事業有很高

的成就。常與「更進一步」合用，祝願被賀者在現今良好成績的基礎上再飛躍一個層次，達到從量的變化到質的飛躍。

千

「千」是「千絲萬縷相縈繫」的極多。比如千般花樣，千鍾俸祿，千帆過盡，千言萬語；性情相投的人聚在一起時則會說：酒逢知己千杯少。人們也用「千」的宏大與微小的事物做對比，如《禮記‧經解》載：「《易》曰：『君子慎始，差若毫釐，繆以千里。』」比喻開始時失誤雖小卻能導致極大的錯誤。又如「千里之行，始於足下」，說明遠大的目標總要從小事開始。

「千」也是「欲窮千里目」的遼遠。真摯的朋友之間，不需要華麗的語言與奢侈的禮物，縱然只是千里之外送來的鵝毛，也蘊含了言之不盡的深厚情誼。那些具備雄才大略的將軍，運籌帷幄之中，決勝千里之外。在長煙一空，皓月千里的異鄉，遊子們想起故鄉與母親臨行前的叮囑「兒行千里母擔憂」，不禁淚灑衣襟。走得再遠的人，在「白髮三千丈」的暮年，也總帶著「樹高千丈，葉落歸根」的鄉愁。

帶「千」字的吉祥語——千伶百俐：用以形容非常機靈的人。

千金一諾：意為一句真誠信守的諾言，能價值黃金千兩。

常被人們用來稱讚一個人誠實守信。

　　千里姻緣一線牽：原指婚姻是由月下老人暗中用一根紅線牽連而成，用以形容和讚美那些有緣成婚的戀人。

萬

　　「萬」是「多」的最高級，是想像的極限。

　　「萬」比起百和千來，多了一種時空的縱深：「萬物」有宇宙星空的博大和深遠，「萬千」有法眼看破世界的大智慧，「萬機」是帝王所掌控的天下，「萬戶侯」是位極人臣的高官。對經歷過時光挫折仍然屹立不倒的萬里長城，人們敬慕其永恆，讚其「萬代千秋」。也正因如此，朝思暮想能夠長生不死的帝王命他的臣民高呼「萬歲」、「萬壽無疆」。民間百姓的安寧是「萬家燈火」；為忠義犧牲的賢臣是「名垂青史，萬古流芳」；

萬事大吉

勇猛的武將是「一夫當關萬夫莫敵」；書生的理想是「讀萬卷書，行萬里路」；閨中淑女則對著落紅片片，生出了「閒愁萬種」；而那些在春日裡爭相盛開的花兒，則被稱為「萬紫千紅」。

帶「萬」字的吉祥語——萬事大吉：所有事情都很圓滿順利。

一本萬利：指本錢小，利潤大的生意。

萬象更新：宇宙間一切景象都有一番新氣象，常用於新年賀詞。

萬貫家財：形容家中極為富有。

萬里鵬程：原意是大鵬鳥能夠振翅高飛至萬里之外，常用來比喻一個人的前程遠大，實力雄厚。

滿數

「滿」是完滿、充實。如民俗畫中和氣的福娃，一臉的吉祥傾瀉而出。

相對於奇數的孤獨與唯我獨尊，滿數大多帶有喜慶之色，基本是成雙配對的偶數，一般為四、六、八與其倍數。在中國人的眼中，這些數字本身就獨具文化審美的意韻，更何況還裹挾著從遠古祖先那裡承襲而來的神祕吉祥之風。

十二：如十二金釵。後世以金釵來比喻美女，多指《紅樓夢》中的十二個才貌雙全的美女。

十八：如十八羅漢。是佛祖釋迦牟尼的弟子，佛教傳說中護持正法的阿羅漢。

二十四：如二十四橋明月夜。據說有一座橋名叫二十四橋，因古代有二十四位美人於橋上吹簫而得名。還有二十四番花信風、二十四孝等。

三十六：如三十六天。為道教傳說中神仙所居的空間，根據「道生萬物」而設計與構想出來的宇宙創世之論。如三十六天罡星，原為道教說法，後被用於元末明初小說《水滸傳》中

梁山泊的三十六位頭領名號。

　　四十八：如太極拳有四十八式，阿彌陀佛有四十八大願，金陵四十八景等。

　　六十四：如《周易》六十四卦。由八經卦兩兩重複排列而成。

　　七十二：古人以「七十二」為天地陰陽五行之成數。如孫悟空有七十二變，少林有七十二絕技。

　　一百零八：清代官員的「朝珠」為一百零八顆，蘊含一年十二個月，二十四節氣和七十二候，為順應天時、國泰民安的祝願。佛門念珠的數字為「一百零八」，寓意一百零八位菩薩，以使修行之人內心清淨，得悟佛法智慧。

水泊梁山一百零八将全图

一百零八将

吉祥話中畫

神祇：精神傳說

神農炎帝

「炎帝」是上古時代神農部落的首領，是個原始人模樣、長頭髮長鬍子的長者，穿著獸皮樹葉製作而成的簡陋衣裳，手中拿著一根草藥放在嘴裡嚐試。這個造型出自「神農嚐百草」的傳說。

炎帝

　　據《國語》等史書記載，有熊氏的首領少典娶了有蟜氏的女子少登當了正妃，生下了炎帝，就是神農氏。炎帝在姜水之濱長大，所以姓姜。

　　「神農氏」從字面意義上解釋，就是一個有神奇能力的農民。相傳神農氏最初先教會了大家用火烤獸肉吃，增強了人們的體力。後來又得到上天的幫助，降下神雨，落下了粟米的種子，井泉裡的水自動地冒出來。糧食和水都主動出來了，神農氏受到啟發，教會了部落眾人學會了用耒、耜等農具開墾荒地，種植糧食，自此之後，人們終於有了穩定的食物來源。

　　糧食豐收了，還要做成美味，於是神農氏又教會人們製作陶器和炊具；吃飽之後，大家又想穿得漂亮得體一點，神農氏又教會人們栽桑種麻，用蠶絲麻線織成布帛，做出衣裳。吃飽喝足穿暖了，還有最後一關，就是生老病死。生死、衰老都逃不掉，但是生病總要想辦法醫治。神農氏再次發揮了令人感動的獻身精神，上山挖來草藥，一樣一樣地嚐試，好知道草藥的性能，用以治病。據說神農氏曾經一天之內七十次身中劇毒，最後也因為中毒不治身亡。

　　從此，神農氏和他的後裔子孫被各部落聯盟公推為天下共

主，因以「火德」成王，故稱炎帝。火神祝融，便是炎帝一脈
的後人。

軒轅黃帝

「黃帝」是眾所周知的中華始祖神祇。圖畫上的「黃帝」，
面容平和，容貌端莊，長眉朗目，身穿黃色衮服，頭戴九旒冕，
與古代的帝王沒有太多不同。因為年代太過久遠，這也是後世

軒轅黃帝

的人想像中的樣子。在炎帝時代過去五百多年之後，世代通婚
的少典氏與有蟜氏中，一位年輕男子娶了心儀的女子附寶，生
下了黃帝，即公孫軒轅。黃帝在姬水之濱長大，所以姓姬。他

以「土德」稱王，因為土是黃色的，故稱「黃帝」。

　　民間常誤以為炎帝神農氏與黃帝軒轅氏是同時代的人，傳說中炎帝與黃帝曾經在阪泉展開大戰，最終炎帝失敗，黃帝勝利，兩個部族結盟，合二為一。故事的總體基調不算錯，但實際上，與黃帝爭鬥的，是神農氏炎帝八代後的子孫，並非炎帝本人。在「涿鹿之戰」中被打敗的蚩尤部，便是炎帝部族之一。炎帝與黃帝並不是同時代的人，他們是同源共祖、前後相繼的關係，各自代表著一個時代。他們既非父子，也非兄弟，更不是異族。炎黃之間的戰爭，是內部矛盾，而並非民族戰爭。兩個部族的逐漸融合、統一，形成了偉大的華夏民族，我們中國人也因此自稱「炎黃子孫」。

玉皇大帝

　　「玉皇大帝」神祇圖上，是一位青須長目、神情莊嚴的男子，身穿裝飾華麗的九章法服，頭戴十二行珠冠冕旒，手裡拿著玉笏，身旁有金童玉女侍立。除了頭頂上的一圈光華示意這是一位神仙之外，玉皇大帝完全是秦漢時代帝王的打扮。

　　早在夏商之時，古人就有祭天的習俗，而且只有天子才有

資格祭祀。後來，人們聯想到天上存在著一位至高無上的神明，於是有了「天帝」崇拜。皇帝們利用「天帝崇拜」，鼓吹君權神授，說自己是天帝的兒子，受自天命，故稱天子。

　　民間對天帝的稱呼很雜，如天帝、帝釋天、青帝、天公、老天爺等，道教的「玉皇大帝」出現後，便與這些神祇合而為一了。

玉皇大帝

　　道教認為，玉皇大帝是最高等的神明之一，地位只在「三清」尊神之下。所謂「三清」，即元始天尊、靈寶天尊和道德天尊。不過「三清」是原始古神，並不愛管天上人間的煩瑣事務，於是派玉皇大帝掌管三界、十方、四生、六道，不管是神仙、聖人，還是凡人、鬼怪，都歸玉帝負責。

　　在天庭上，眾神像臣子一樣，列班隨侍左右，就和皇帝上朝沒什麼兩樣。玉皇大帝也不是平白無故跳出來的神，也曾是凡胎。《玉皇經》上記載，遠古時有個光嚴妙樂國，國王叫「淨德王」，王后叫「寶月光」。一天夜裡，王后夢見太上老君將一個嬰兒送入自己懷中，醒後便有了身孕。王后寶月光懷孕一年，在正月初九那天生下了太子。太子從小就十分聰慧，長大後幫助父親淨德王治國，勤政愛民，行善救貧。後來他捨去太子位，入山修道，在普明香嚴山中修道功成，經歷八百劫後，終於修成真道，飛昇九天之上，統御三界，這就是玉皇大帝。

送子觀音

　　「送子觀音」圖中的觀音，一身白衣，面容端莊清雅，慈悲莊嚴，端坐在蓮花台上，懷中抱著一個白胖可愛的嬰孩。「觀

世音」是印度梵文的意譯，又譯作「光世音」、「觀自在」、「觀世自在」，意思是覺悟、有情。據說在唐朝的時候，為了避唐太宗李世民的名諱，略去了「世」字，簡稱「觀音」。

送子觀音

觀音菩薩本是佛家的大菩薩，具有無量的智慧和神通，能隨時觀察和聽到眾生的疾苦，大慈大悲，普救眾生，在中國有著極為廣泛的人緣和好評。但民間對觀音有一個爭論，那就是：觀音的性別到底是男還是女？其實這只是世人的困擾，對於修

成正果的佛和菩薩來說，無生無死，亦無男女性別的執著。傳說觀音菩薩有三十二應，也就是各種變身，隨時變換樣貌和身分：可以是佛相，也可以是天人，什麼官員、和尚、女王、貴婦、小姐等等，隨緣救世、變化多端。當人們遇到麻煩，一唸到觀音的名號，她便能立即變化成合適的身分降臨。佛教傳到中國後，觀音的身世也被中國化了，人們似乎更青睞女性樣貌的觀音菩薩相，就把她變成了漢家的公主，妙莊王的三女兒，還給觀音許多額外的責任和功能，如「送子」。觀音的女相，讓人感受到一種母性的慈悲與溫和，尚無子嗣或者多年無子嗣的人，尤其是女性，就會祈求觀音賜子。

　　舊時有個笑話：一家無子多年，老母親命兒子去觀音廟請一尊觀音菩薩相回家，誰知道兒子去請了一尊財神，還振振有詞道：「觀音娘娘那裡的開銷大，還是要財神爺來擺平，求觀音還不如先求財神……」除了拜觀音菩薩求子，甚至有女子去觀音廟偷供奉的「神燈」，「燈」與「丁」諧音，偷燈等於添丁；還有一些人家擔心孩子養不大，就送去觀音廟裡「寄名」，把孩子交給觀音照看才能萬無一失。

麻姑獻壽

　　「麻姑獻壽」圖上，一位美貌的仙女腳踏祥雲，手捧一盤薈萃仙果、靈芝和一壺美酒。旁邊跟著一個仙童，身上背著仙桃。還有的是仙鶴陪伴仙姑左右。麻姑是中國傳說中有名的祝壽女仙。晉代葛洪在《神仙傳・麻姑傳》裡說，有個東海人叫作王方平，當過官員，精通天文曆法。棄官後進入深山修道，成了仙人。

麻姑獻壽

　　王方平有個妹妹叫麻姑，也是一位上古女仙。東漢桓帝時，王方平降臨到蔡經的家中，蔡經的家人早就預備好豐盛的酒菜，迎接神仙的降臨。王方平自己一個人做客覺得沒趣，就召妹妹

麻姑同來。麻姑一出現，大家都看呆了。一位十八九歲的美女，頭頂梳著漂亮的髮髻，長髮至腰間，穿著炫綵衣裳，光彩耀目。她的本領也很驚人：一是能夠穿著木屐在水面上行走，可以媲美達摩祖師腳踩蘆葉渡海；二是擲米變成丹砂靈藥。麻姑拜見了王方平，眾人一起聊天。麻姑就說：「從你我上次見面到現在，我已經見東海三次變成桑田了，前些時日去蓬萊島，又見海水淺了一半，恐怕又要變成陸地了。」王方平笑著說：「難怪聖人都說海中會飛揚塵埃這樣的話。」這也是後世著名的「滄海桑田」和「東海揚塵」典故的來源。麻姑的一雙手長得很特殊，手長四寸，手指像鳥爪一樣。蔡經私下裡心想，如果這手給他的背部撓撓癢倒不錯，不料被王方平識破，說麻姑是神女，你怎麼可以妄想？便抽了他幾鞭子，以示警戒。《列異傳》中寫得更嚴重，蔡經變得更無恥膽大了，竟把心裡話說出口了，於是立刻倒地，雙眼流出血來。

民間傳說，麻姑本來是修建長城的監工之女，因為可憐勞工苦痛，假扮雞叫，好讓勞工們休息，被凶殘的父親麻秋發現，便派人追殺她。麻姑逃入深山，拜西王母為師，終於修道成仙。王母娘娘每年農曆三月初三過生日，會舉辦蟠桃會，麻姑此時

會在絳珠河畔用清泉水和靈芝草釀酒，獻給王母娘娘做壽禮，這就是所謂的「麻姑獻壽」。

天女散花

「天女散花」圖上是兩位身著彩色霓裳的仙姑，神情愉悅，每個仙姑手中拿著一隻花籃，一邊跳著舞，一邊托起花籃向下方傾倒，把鮮花撒向大地，用鮮花點綴在山林與草樹之間，仙姑身旁各有一個女童在花雨中拍手歡笑。「天女散花」的寓意為春滿人間，吉慶常在。

天女散花

　　「天女散花」一詞本來源自佛教故事。釋迦牟尼有位弟子叫維摩詰，他的宮中有一位天女，每到有菩薩和弟子在佛堂中講經說法的時候，就會現身，把「天花」散向眾菩薩和弟子身上。那些「天花」落到菩薩身上時便會紛紛墜落，但是落到那些弟子身上時，就會粘在身上，用神力也不能將花拂去。此時，天女就問佛祖的大弟子舍利弗為什麼會有這樣的差別。舍利弗回答說，花朵落在諸位菩薩身上，並不是因為抵不過他們法力的神威，而是因為他們都已經斷了分別的想法，所以花朵會落下。那些弟子並非沒有法力，而是因為他們對於「色聲香味觸」的慾望還沒能完全斷絕，還有對香味和美好的癡迷，這是修行尚未圓滿，所以天花還會附著在他們的身上。等到修行徹底完成時，那些花自然就會落下了。

八仙過海

　　「八仙過海」圖上畫著八位仙人大顯神通，在東海上玩漂流：鐵拐李是個頭陀形象，坐著大葫蘆，懷中抱著鐵拐；漢鍾離祖胸露乳，一副樂天知命的快樂樣子，法寶是芭蕉扇；張果老是一位富家員外模樣的白鬍老者，騎在紙疊的驢子上渡海；

藍采和是個眉清目秀的少年，法寶是一隻花籃；八仙中唯一的女仙是何仙姑，她美麗婀娜，手持一朵蓮花；呂洞賓是修真者打扮，法寶是一柄長劍；韓湘子是個翩翩公子，法寶是一支橫笛；曹國舅是個紅衣蟒袍的官員，法寶是一塊玉板。八仙神態各異，栩栩如生。

這個組合很是奇特，其中有美女、公子、官員、皇親國戚、叫花子、道士等，男女老幼、富貴貧賤都有。「八仙」是道教中的神仙，出身都是凡夫俗子，透過各自不同的歷練，最終成仙得道。

有人說，「八仙過海」是為了趕赴王母娘娘的蟠桃大會祝壽；也有人說，八仙是前去蓬萊仙島參加牡丹盛會。相傳蓬萊仙島有一位白雲仙長，輩分很高。三月十五日島上的牡丹花盛

八仙圖

開，白雲仙長就下帖子請客，宴請八仙、五聖（齊天大聖、通天大聖、攬海大聖、翻江大聖、移山大聖）等仙。

中國的傳說中，神仙也不能免俗，喝酒賞花，大醉而歸。等到喝完酒回程的時候，大家都有點兒喝醉了，呂洞賓想出了一個歪主意，說大家不能騰雲過海，而用法寶過海，比比誰最厲害。八仙都是愛玩的，於是就各自拿出法寶，大顯神通，橫渡東海。

明代小說《東遊記》中把這段寫得十分精彩：八仙在渡海的過程中，遇到了東海龍王之子摩揭和龍毒，這倆混世魔王不知好歹，搶走了藍采和的法寶，還把藍采和抓去了龍宮。這下可精彩了，八仙大開殺戒，大鬧龍宮，比當年孫猴子鬧得還邪乎。東海龍王找來四海龍王兄弟，天官、地官和水官來助戰；八仙也不是吃素的，飛劍砍人、火葫蘆燒海，五聖也來幫八仙，直把龍宮鬧得天翻地覆。最後還是如來佛祖出面，給大家勸和，終於消解了仇怨，而八仙的威名也由此遠播。

董永遇仙

「董永遇仙」圖，描繪了一身農人打扮的董永，在山野上

跪地拱手，抬頭仰望。天空的雲彩間，有一位仙女現身降臨。
預示著兩人之間非同尋常的姻緣。

董永賣身葬父

　　據史料縣志所載，董永確有其人。他雖然出身貧苦，但是
為人賢德，非常孝順。《搜神記》裡有這樣一則神話故事。漢
朝時，有一個名叫董永的年輕人，小時候母親便去世了，董永
和父親相依為命，種田為生。董永每天去田間幹活的時候，就
用小車推著父親，讓父親在樹蔭下休息，旁邊放有水罐，讓父
親乘涼解渴。漢靈帝時，董永父子為了躲避戰亂，舉家遷到了
汝南一帶，途中董永的父親病死了，董永為了埋葬父親，向一

家財主借了一萬錢，說好日後做財主的奴僕，以身抵債。

董永埋葬父親之後，行完了三年的守喪之禮，要回到財主家做奴僕，路上卻遇到一位女子，說自己孤苦無依，願意做董永的妻子。天上掉下來一個漂亮媳婦，董永雖然是老實人，卻也知道撿到寶貝了，當然樂意。於是帶著媳婦到了財主家裡，董永的老婆非常能幹，十天之內就為財主家織了細絹三百匹，償還了董永的債務。

來董永的老婆準備走了，對董永說：「我是天上的織女，因為你太孝順了，所以天帝讓我來幫助你償還債務。」說完升上高空離去了。

雖然是個白撿媳婦的好事，但畢竟只是過客，媳婦最終還是沒了。不過後世的人以此創作了各種戲劇、話本，如《槐蔭樹》《織錦記》《遇仙記》等。在《天仙配》中，又添油加醋、畫蛇添足地加了許多情節，如董永和仙女生了兒子，兩人非常恩愛，難捨難分，後來在上天的阻攔下，兩人不得已分離。董永的兒子十分有出息，在十六歲的時候高中狀元，衣錦還鄉。

神荼鬱壘

「神荼鬱壘」是門神畫。左門扇上是神荼，右門扇上是鬱壘。兩個人都是怒目圓睜，醜怪凶狠。一個黑臉，一個白臉，頂盔披甲，手持青銅大板斧，威風凜凜，儼然是一對人間的虎將。其實也沒錯，因為這就是百姓心目中的「守門神將」。

《山海經》中記載，在滄海之中，有一座大山，叫度朔山。山上有一棵大桃樹，身干盤曲，枝葉茂盛，綿延了三千里。在枝枒交錯的東北方向，有一座門，叫鬼門。黑夜降臨的時候，鬼門就被打開，男鬼女鬼、老鬼小鬼都要出去溜躂放風；一直待到東方露白、公雞打鳴的時候，所有的鬼都必須趕回度朔山，進入鬼門之中。在鬼門前，站著兩位勇士，一個是神荼，一個

神荼鬱壘

是鬱壘。他們受黃帝之託，專門把守大桃樹下的鬼門。神荼、鬱壘對惡鬼毫不留情，每天都要檢閱一番鬼民，一旦發現有騷擾百姓、吃人害人的惡鬼，就拿著蘆葦編成的繩索，把它捆起來餵老虎。後世的人為了驅凶辟邪，家庭平安，每逢過年就在門上貼了畫有門神的彩畫。

根據「神荼鬱壘」的傳說，民間還認為老虎和桃木也有辟邪的力量，所以便有了端午節戴「艾虎」，小孩穿老虎鞋，過年掛寫著吉祥話的桃符的習俗。桃符，也就是現在的春聯。

鍾馗捉鬼

「鍾馗捉鬼」圖中的鍾馗，可以說醜陋到甚至有些猙獰可怕，穿著一身藍色的舊官衣，戴著破舊的紗帽，絡腮鬍須如同被風吹亂的蓬草，圓眼怒睜，臉上的每一塊肌肉都在抽動，手裡拿著一柄大斧子，似乎已經劈向那些蠢蠢欲動的鬼魅。

有人不禁要問，這麼醜陋可怕的畫像，怕都怕死了，怎麼還能貼在家中呢？其實，中國人把驅邪的神祇畫得如此兇惡，是有一定的道理的。要制伏一個窮凶極惡的暴徒，用溫和的方法是行不通的，「秀才遇到兵，有理說不清」。這時候就要以

暴制暴，用凶神惡煞般的人物去收拾壞人，鍾馗就是在這樣的民間心理中產生的。

　　據說鍾馗這個名字，源於古代的一種驅鬼所用的棒槌——鍾馗。後世傳說中的鍾馗，是一位驅魔大神，遍行天下，斬除妖邪，被玉帝封為「驅魔帝君」。

鍾馗捉鬼

　　《唐逸史》記載了鍾馗的傳說。唐開元年間，一天晚上，玄宗昏昏入睡，忽見有個小鬼走進殿內，穿著紅衫，長個牛鼻子，光著一隻腳，穿一隻鞋，還有一隻鞋掛在腰上，在後領中

插一把竹骨紙扇。小鬼偷走了楊貴妃的繡香囊和唐玄宗的玉笛。玄宗氣惱，正要喊武士來驅鬼，只見又有一個大鬼跑進殿來，長得蓬髮虯髯，面目可怕，頭繫角帶，身穿藍袍，袒露一臂，皮革裹足，一伸手便抓住小鬼，剜出眼珠後一口吞了下去。玄宗嚇得魂不附體，大鬼自稱鍾馗，專門捉鬼。唐玄宗驚醒後，才發現這是一場夢。

　　唐玄宗命畫家吳道子給他夢中的鍾馗畫一幅圖。畫成後，呈給唐玄宗看，簡直一模一樣。從此，「鍾馗捉鬼」圖名聲大噪，百姓都在除夕時貼在家門上，驅鬼辟邪。

天師鎮宅

　　「天師鎮宅」圖上畫著一個濃眉大臉、紅頂綠眼、高鼻子、三角眼，鬍子濃密的道士，手拿寶劍，騎著猛虎，把蛇、蠍子、蜘蛛、蜈蚣、蟾蜍這五毒全部橫掃腳下。春節、端午節的時候，有些南方人家掛張天師驅趕五毒的畫像，以鎮宅辟邪。

　　天師本是道教中的稱呼，後來一些皇帝也開始信道，就頒發給道士頭目一個「天師」的封號，從此，天師在民間的影響就更大了。

　　在古代小說中，天師通常有捉鬼祭天的本事，設個祭壇，弄些硃砂玄火，使用各種斬妖法器，手揩畫著奇異咒語的靈符，念著「太上老君急急如律令」，妖魔不敢近身。張天師是東漢時的人，原名張陵，相傳他是漢代名將張良的第八世孫。張天師先是在北邙山學道，學習《老子千字文》《太平洞極經》，

天師鎮宅

又學九鼎丹法、長生術等，略有小成。後來他創立了「五斗米道」，凡入道者須出五斗米。

相傳張天師隱居在四川鶴鳴山的時候，一天夜裡，太上老君降臨鶴鳴山，教授張天師「雌雄劍」和許多驅邪符籙，經過日夜修煉，張天師終於得道，練成厲害的降魔法術。後來，人間發生了瘟疫，張天師一看，原來是魔王帶著惡鬼危害人間。於是就設下道壇，鳴鐘叩磬，呼風喚雨，指揮神兵和這些惡鬼大戰。最後張天師用丹筆畫符，把魔王和惡鬼都制伏了。

❋ 靈獸：威嚴祥瑞 ❋

龍

龍騰雲海

「龍騰雲海」圖中，龍騰躍雲中，隱隱露出身形，口中吐出極大的水柱來，直入江河湖海。民間有一句俗語叫作「龍蛇混雜」。意思是厲害人物和地痞無賴混在一起分不清。

其實，龍的形象確實來源於蛇。雷雨之時，原始先民看到曲折凌厲的閃電，太神奇了，於是跪在地上磕頭祈禱。私下裡交頭接耳：這個是什麼？也許是一種神靈吧。

龍騰雲海

　　後來，閃電與蛇的樣子聯繫起來，經過歷代傳說，出現了想像中的「龍」。人們所熟知的龍的樣子：龍首似馬，飽滿寬闊的前額表示聰明智慧；角似鹿，表示社稷綿長和福延長壽；耳朵像牛，寓意名列魁首；眼睛似虎，盡顯威嚴王者之氣；爪子似鷹，勇猛高遠；鼻像獅子，象徵富貴；鱗尾如魚，靈活游水；身上纏繞火焰，喻示辟邪驅魔。

　　在中國，關於龍的傳說有很多。有人說中國的「龍」是由印度的「龍神」傳入後改變而成；有人說龍是由天空上的星宿變幻而成——東方青龍、西方白虎、南方朱雀、北方玄武。龍先是作為神人的坐騎和神的天使：《山海經》中，南方的祝融，西方的蓐收、東方的句芒和北方的禺彊都是乘龍下界的神人。而後，龍又自成一派，當起了龍王，成為天下之水的主人，掌管著人間的行雲布雨，不僅能呼風喚雨，亦能翻雲騰霧，是古人心目中神靈和權威的象徵。

　　「龍」既具備兇猛的威儀，又有吉祥和美好的寓意，真龍天子既是歷代君王的自稱，也是中華民族精神的象徵，深為中國人所崇尚和喜愛。

二龍戲珠

「二龍戲珠」的吉祥畫上，祥雲繚繞，兩條威武盤旋的龍左右相對，體態蜿蜒，在戲耍、搶奪一顆圓潤碩大的火珠。從漢代起，便有了「雙龍戲珠」的吉祥喜慶裝飾圖，雙龍或分左右相對，或呈上下對角，表現出升降狀態。不管是任何形狀，火珠都在中間。對於這個火珠，大家說法不一。有人說火珠是價值連城的夜明珠，也有人說是月珠煙花。

《述異記》裡說，龍珠是龍肚子裡孕育，從龍嘴裡吐出來的寶貝，是龍體中的精魂。《廣東新語》裡面有一個關於龍珠的民間傳說，合浦人向有，偶然得到了一顆龍珠，他不知道這是一個寶貝，用這個龍珠與別人換了糧食。這個買龍珠的人把龍珠含在嘴裡，沒想到一不小心，把珠子吞進了肚子裡，肚子脹得吃不下飯。後來這人跳進了水中，不一會兒，身上長出了龍鱗，變成了一條龍。

二龍戲珠

皇宮裡的建築、彩畫、雕刻、服飾繡品上,常見「二龍戲珠」的圖案;舊時百姓也覺得這個「二龍戲珠」的圖很是喜慶,過年的時候都買了吉祥畫貼在牆上,耍龍燈的時候,也都模仿「二龍戲珠」的樣子,用以歡慶豐收,祈祝吉祥。

矯若遊龍

「矯若遊龍」吉祥圖中,畫著一條神龍,來個「神龍擺尾」,極為神氣矯健地從海中騰空躍起。圖畫很漂亮,那個姿勢更帥氣。常常被人們用來形容某人書法寫得好,筆勢剛健,字體有骨架,有氣質,有種「清風出袖,明月入懷」的氣場。除此之外,「矯若遊龍」還被用來形容舞姿美妙婀娜。

矯若遊龍

三國時魏國的著名才子曹植,曾經暗戀其嫂甄宓,後來甄宓失寵死去。曹植再次途經洛水,聽人說洛水之神名叫宓妃,

心中有感，於是寫下了千古名篇《洛神賦》，其中有一句便是「其形也，翩若驚鴻，宛若游龍，榮曜秋菊，華茂春松」。

　　曹植的想像力十分豐富，昔日的初戀和眼前的洛神融為一體。他說，洛神的體態輕盈，像驚飛的大雁；姿態柔美，像游動的龍，美艷勝似秋菊，氣質堪比春松，總之是風華絕代。形容一個女子的舞姿和體態，用的卻是充滿了陽剛之氣的游龍，令人不禁拍案叫絕。用龍在水中的蜿蜒身形來形容女子的嬌美體態，不正是神來之筆嗎？龍既有男性的陽剛威猛之氣，也有女性的陰柔飄逸之美，在這幅畫中得以完美的體現。

鳳凰

鳳棲梧桐

　　「鳳棲梧桐」圖上畫著一隻色彩斑斕的綵鳳，或者金紅的火鳳，高傲地站在梧桐樹的樹枝上。

　　「鳳」是古代傳說中的一種神鳥，按照陰陽五行之說，紅色的鳳鳥即是「四靈」中的南方朱雀。事實上，「鳳」與「凰」原指兩種不同的神鳥，鳳是風鳥，一現身就會興起大風，是古人心中的「風伯」，即風神的化身；凰則是光鳥，是純火之禽，

陽之精華，被古人奉為火神。兩者都是人們杜撰的神靈，後世則把鳳與凰視為一類中的雌雄，也有人將鳳凰融在一起，混為一談。

鳳的樣貌也是各種動物的集合體：雞頭、蛇頸、燕頷、龜背、魚尾。生在東方君子之國，翱翔於四海之外，過崑崙、飲砥柱、白天在弱水之中洗濯羽毛，晚上就住在「風穴」之中。古人認為，「鳳」現身世間，則表示君主有道，天下安寧。

鳳還特別有個性，挑剔。非梧桐樹不下去棲息，非竹子不吃，非甘露不喝，非常高貴傲氣。梧桐是樹中之王，枝幹森竦，葉大如掌，青葉濃蔭，避暑沁爽。據說這個梧桐樹就像皇帝的寶座一樣，是鳳專門落腳的地方，其他鳥類都不敢棲息，因為怕衝撞了鳥王。這個特性被人比喻賢才擇主，所以鳳凰也被稱為「君子之禽」。

三國時的名士龐統，號鳳雛，意思就是擇明君而侍。梧桐的木質輕浮，不生蟲蛀，常被人用於雕刻器物，房屋中柱，特別適合做琴瑟。相傳神農氏曾經削梧桐為琴身，抽蠶絲做琴弦，做成了「五絃琴」。「簫韶九成，鳳凰來儀。」鳳凰也是一個愛音樂的神鳥，聲音美妙，鳳鳴如簫聲，聲音如鐘鼓。這個梧

桐木做成的琴瑟，一彈起來，容易引來鳳凰。皇帝是真龍，皇后是真鳳，人們把龍鳳配成一對，叫作「龍鳳呈祥」，又把夫婦之間感情的恩愛，比喻為「琴瑟之好」。

鳳戲牡丹

「鳳戲牡丹」吉祥畫的表現形式較為多樣。一般都是畫著粉艷的牡丹花叢中，一隻綵鳳穿梭其中，嬉戲長鳴。「鳳穿牡丹」圖則畫著兩隻振翅翔飛的鸞鳳，一上一下，迂迴穿梭於牡丹與彩雲之間，遙相呼應，恩愛和美。

現代人動輒講以事實說話，古人其實也喜歡做統計，以數據說話。據古人統計，禽鳥一類中，有三百六十種，這自然是概數，表明種類極多。所有鳥中，鳳凰是鳥王。「絕代只西子，

鳳戲牡丹

眾芳惟牡丹。」牡丹的雍容華貴，國色天香，使其有「百花之王」的美譽。鳥王戲花王，人們大概是以「物以類聚」的思維來創造了「鳳戲牡丹」的吉祥圖，中國的花鳥畫，都是動靜相宜，動靜結合。

鳳是禽鳥，屬於動物類，所以是主動的一方，是「戲」的主體。牡丹屬於植物，故此是被「戲」。「鳳戲牡丹」給人一種貴公子看上美貌小娘子，然後出言挑逗之感。不過這和「鳳」沒多大關係，人家是君子之鳥，只不過是人類的想法，把人的情緒加入畫中。早在唐代，宮廷裡便流行「鳳穿牡丹」的紋圖，鳥王與花王畫在一起，色彩絢麗，富貴吉祥。後來民間也廣為流傳，更把此圖視為夫妻和睦，吉祥幸福的象徵。

鳳凰于飛

民國時候的著名歌星周璇唱過一曲名為《鳳凰于飛》的歌，歌詞中有一句是「像鳳凰于飛在雲霄，一樣地逍遙。」在那些花鳥魚蟲、世間萬物之中，到處都有人類情感的寄託。「鳳凰于飛」也叫「鸞鳳和鳴」，畫上是鳳與凰（或者是鳳與鸞）雙雙對對、追逐玩耍，雙宿雙飛。鳳與凰在追逐嬉戲之時，又做出回顧對視的姿態，彷彿含情脈脈，又似乎竊竊私語。《詩經》

吟道：「鳳凰于飛，翽翽其羽。」象徵著人間夫妻恩愛，和睦幸福的生活情趣，故此畫又名「喜相逢」。

「鸞」是一種與鳳很像的鳥，寓意祥瑞，只是沒有鳳那麼出名。後來人們逐漸把「鸞」當成鳳鳥的一種，認為沒長成的叫「鸞」，成熟了則稱「鳳」。由此來看，「鸞」似乎是少年時代的鳳。牠的嘴巴粗短，眼睛細長、長腿，羽毛絢爛，尾巴散成條形，長得既像錦雞，又似孔雀。

《異苑》中記載，說罽賓王養了一隻鸞鳥，三年都不曾鳴叫過。後來有人拿鏡子放在鸞鳥面前，鸞鳥看到自己在鏡中的影子，悲鳴後自絕而亡。有人解釋說，鸞鳥是因為求偶不得，孤單悲傷，看到鏡中影，以為是愛人現身，但卻是虛幻之影，故而絕望自殺。

鸞鳳和鳴

百鳥朝鳳

「百鳥朝鳳」圖中，畫著雄鳳與雌凰，傲然立在梧桐樹上，旁邊圍繞著鮮花和百鳥，有孔雀、仙鶴、錦雞、喜鵲、鴛鴦等，密密麻麻，不計其數。此圖在紡織印染、瓷器繪圖、年畫剪紙、雕塑建築中被廣泛應用，是十分喜聞樂見的吉祥圖畫。

《山海經》中說，在丹穴山那個地方，有一種鳥，牠的形狀和雞有點兒像，羽毛五彩斑斕，非常美麗，被稱為「鳳皇」。鳳皇即鳳凰，是「仁鳥」，象徵「祥瑞」。每次鳳凰一出現，百鳥都要聚集在牠的左右，應聲鳴叫，猶如萬民朝拜聖主。民間傳說，有一次百鳥集會，要選一個鳥王出來。最後眾鳥論資歷、論能力、論品格，層層排選之後，公推鳳凰為王。而且每隻鳥都取一根羽毛贈給鳳凰，讓牠打扮得更為美麗多彩。百鳥朝鳳，早時比喻君主聖明而天下依附，後來則泛喻德高望重者眾望所歸。

百鳥朝鳳

　　《韓詩外傳》中記載了一件事，某次，黃帝與手下的輔臣天老對話，說到了鳳凰。天老就說：「鳳凰顯形，是祥瑞的預兆，而且只有在太平盛世才能出現。見到鳳凰一掠而過，那已是很不容易，如果能看到鳳凰在百鳥群裡飛舞，那就是千載難逢的祥瑞了。」黃帝自覺天下太平，想親眼看看傳說中的鳳凰。就問道：「我即位以來，天下太平，百姓安居樂業，為什麼還是沒有看見鳳凰呢？」天老說：「東有蚩尤、西有少昊、南有炎帝、北有顓頊，四方強敵虎視眈眈，何來太平？」黃帝聽罷便率兵討伐四夷。天下一統之時，一隻五彩斑斕的神鳥在天空翱翔，數不清的異鳥圍著牠翩翩起舞。這便是太平瑞相──百鳥朝鳳。

丹鳳朝陽

　　「丹鳳朝陽」圖上畫著一隻丹鳳立在生長著梧桐樹的山崗之上，向著太陽鳴叫，太陽紅盛，丹鳳俊美，此景令人神往。丹鳳，也是鳳的一種。《禽經》上說，頭部和翅膀是紅色的鳳，叫作「丹鳳」。

　　幾千年前，《詩經》中的古人曾輕輕吟唱：「鳳凰鳴矣，於彼高岡。梧桐生矣，於彼朝陽。萋萋萋萋，雝雝喈喈。」意

思是，鳳凰不斷鳴叫，在那高崗之上，梧桐巍巍地高聳，屹立在朝陽的東山，梧桐樹蓬蓬勃勃，鳳凰鳴嚶嚶喈喈。鳳凰有著高貴的習性——非梧桐不棲，非竹實不食，非甘露不飲。所以，特別受到讀書人的青睞和推崇。「丹鳳朝陽」用來比喻賢能的人才遇到了政治清明的時代，而得以施展才能。

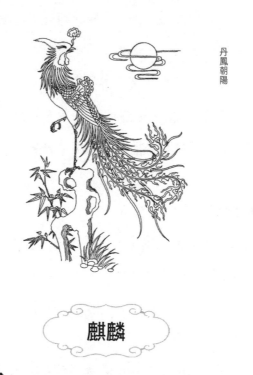

丹鳳朝陽

麒麟

麟吐玉書

「麟吐玉書」圖，畫著一隻威風凜凜的麒麟獸，右邊前蹄

微抬，口中噴出一道神光，光中有一卷書。還有的畫著麒麟的角上掛著一卷書，或者口中含著一卷書。這個圖案常被裝飾在人家的門楣、窗櫺、照壁、瓷器等處。

麒麟也是人們幻想出來的祥瑞神獸，麒為雄，麟為雌。有人說，麒麟身子像麋鹿、尾巴像牛尾、蹄子像馬掌、狼頭有角；還有人說，麒麟是龍頭、鹿角、獅眼、虎背、熊腰、蛇鱗。這個「組裝獸」雖然怪異，但著實是個善良的傢伙。

據說麒麟性子仁厚，「不履生蟲，不折生草」，愛護花草樹木，還善於保護小動物，連蟲了都不忍心踐踏，頗有佛性。

麟吐玉書

麒麟不僅是吉祥的象徵，還能為人帶來子嗣。東晉王嘉《拾遺記》中說，「麒麟吐書」的典故源自儒家聖人孔子。在孔子

的故鄉曲阜，有一條闕里街，孔子的故居就在這街上。當時，孔子的父親孔紇與母親顏氏僅孔孟皮一個男孩，但患有足疾，不能擔當祀事。夫婦倆覺得太遺憾，就一起在仲尼山祈禱，盼望再有個兒子。就在孔子降生的那天夜裡，有一隻麒麟神獸降臨到孔家，祥雲環繞，姿態優雅，嘴裡吐出一本「玉書」，書上還寫有「水精之子孫，衰周而素五，徵在賢明」的字樣，意思是說，你家降臨的這個子孫，不是平凡人，是自然造化的大成就者。這孩子一生雖然不能當帝王，但是他的德行卻要高於帝王，堪稱「素王」。

這個評價可太高了，雖然人們知道此類傳說大多是後世杜撰，但是人們相信「麒麟」是個祥瑞之獸。也因為這個傳說，麒麟有了「送子」的功能，成了「送子瑞獸」。民間人家，常常在新婚夫妻的婚房裡掛上《麒麟送子》圖，祈祝新人早生貴子。某些地方的不孕婦女，扶著載有小孩的紙紮麒麟在庭院或堂屋裡轉一圈，也是一種祈子儀式。

人物：鄉土顏色

歲朝圖

「歲朝圖」描繪的是正宗的「年畫」，是舊時人家過春節時的行樂圖，人間萬戶喜氣盈樂的一景。此圖雖然不能與北宋張擇端《清明上河圖》的浩大繁華氣象相比，卻也別有一番人間鄉土趣味。

圖中畫著一戶官宦富貴人家正在過元旦。方庭小院，前面有一座高大的門樓，大門上貼著威武的甲冑門神，屋簷上立著精雕細琢的鴟吻走獸。前有玉石台階，後有廳堂瓦屋，十分氣派。正屋裡設有香案，上面陳設著香蠟供果，祖宗和神靈的牌位，看似剛祭祀完畢，尚有裊裊輕煙；廳堂裡坐著一群飲酒吃喝的人，有主有客，斟酒謝飲，共同慶賀新春之樂，旁邊有幾個小孩繞膝玩鬧。院子裡站著一個穿著華麗的老頭，正在躬身作揖，送別前來拜年的客人；孩童中有幾個在敲鈸，有幾個在燃放爆竹。在正屋外圍的遊廊上下，又有幾個僕從捧著果盤和食盒來回走動。院裡的人在過年，院外的人在拜年。牆裡景色

溫馨，牆外風情也不差。路上的行人有的騎馬，有的步行，有的坐著車轎，都穿著鮮亮、華麗的新衣裳，見面都做出拱手拜賀狀。「歲朝圖」就像用現代的照相機，定格了古代過年的民間一景。

　　小說《紅樓夢》中，劉姥姥進大觀園的時候曾經說：「我們鄉下人到了年下，都上城來買畫兒貼。時常閒了，大家都說，怎麼得也到畫兒上去逛逛。想著那個畫兒也不過是假的，那裡有這個真地方呢。誰知我今兒進這園裡一瞧，竟比那畫兒還強十倍。怎麼得有人也照著這個園子畫一張，我帶了家去，給他們見見，死了也得好處。」。「歲朝圖」中的富貴景像當然是鄉間百姓所嚮往的，所以常在過年時買了這種年畫貼在家中，希望有朝一日，子孫後代有了出息，自家也能有這樣的繁華氣派。

歲朝圖

百子圖

「百子圖」也叫「百子嬉春圖」，畫著多個神態各異，嬉笑著玩耍談天的童子。這些孩童身著色彩鮮亮的衣裳，有的下棋，有的打鼓彈琴，還有在水中摸魚的、騎竹馬的、捉迷藏的、舞龍燈的、耍獅子的、摘蓮藕的、斗蟋蟀的、鬧學堂的，天真活潑，白胖可愛。

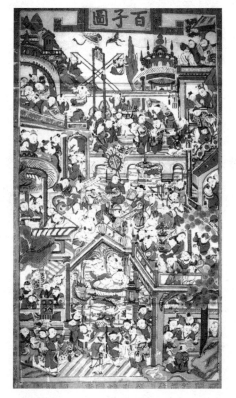

百子圖

　　傳說周文王本來有九十九個兒子，後來在燕山的路邊偶然撿到了雷震子，認作義子，從此便有了「文王百子」之說。雷震子作為周文王的第一百個兒子，長相奇異，本領超凡。《封神演義》裡描述，雷震子青臉紅髮，肋生雙翼，是闡教門人云中子的弟子。周文王從朝歌逃出，在臨潼關遇險。雲中子掐算之後，命雷震子前去相救。

　　周文王正在倉皇逃跑之際，突然看到空中來了一個雷公臉的怪物，以為是見鬼了。後來發現是自己的義子雷震子，不由得悲喜交集。雷震子橫擋陣前，嚇退追兵之後，背著周文王飛達了安全之地。

　　「文王百子」最早出自《詩經》，是歌頌文王才德，子孫賢孝，被譽為祥瑞之兆。「百子圖」把中國人對子嗣的期待，對孩童的喜愛之情表達得淋漓盡致，而童子的歡快熱鬧也給這幅吉祥畫賦予了「興旺發達」的寓意。

　　舊時人家結婚，娘家人給女兒準備的嫁妝中、親友們的賀禮中，都常見「百子圖」的錦緞被褥，用以祝福新人早得貴子、子孫滿堂。

和氣吉祥

「和氣吉祥」圖畫的是一個圓滾滾的笑臉團形人，身著華綵衣裳，上面繡著花卉和吉祥圖紋，戴著「長命富貴」的銀鎖，手上拿著「和氣吉祥」或者「一團和氣」的字卷。眉開眼笑，面目慈善親切，令人歡喜。《二程全書》上記載，宋朝的理學家程顥，也稱明道先生，這個人坐著的時候就如同泥塑的人一般，等到待人接物的時候，又能令人感覺特別舒服，身上散發出一團和氣。

中國是禮儀之邦，講求「以和為貴」，「和則順」的觀念深入人心。家裡的長輩，常常叮囑出門在外的晚輩：一定不要

一團和氣

隨便和別人起衝突，要以和為貴。年輕人聽完就左耳朵進右耳朵出，一聽一過，沒放在心上。等真遇到事情，才幡然悔悟，但有可能就遲了。不管是做官的、做學問的，還是做生意的，有人的地方就有矛盾和衝突。這時候大家多想想「以和為貴」四個字，就能避免不必要的災禍。

「和」字由「禾」加「口」組成，其本意是，百姓只要能吃上飯，就能安穩度日。與人和，與世和，與時和，與天地自然和，這樣才能「和則兩利」、「和和美美」、「和氣生財」、「家和萬事興」。

四美圖

「四美圖」中畫著四位美女，有趙飛燕、王昭君、班姬和綠珠。四位美女容貌秀美，衣飾華麗，並排而立。題目寫著「隋朝窈窕呈傾國之芳容」字樣，四周圍欄環繞，祥鳳飛舞、纏枝花卉，好一個溫柔富貴鄉。所謂「秀色可餐」，美女圖一向是受歡迎的民間裝飾圖，不管是豪門大戶，還是市井小民，都願意在家中掛上一幅美女圖。

傳統的「四美」是西施、貂蟬、王昭君和楊玉環，被稱為

古代四大美女。

　　趙飛燕本來出身卑微，是公主府上的舞姬。入宮後，被漢成帝寵愛，最終成為皇后。趙飛燕身姿裊娜，千嬌百媚，傳說她能在金盤上跳舞，與楊玉環齊名，被讚為「環肥燕瘦」；王昭君是漢代著名的和親美女，原本是掖庭宮中的「家人子」，卻一直無緣與皇帝見面，和親後嫁給了匈奴的呼韓邪單于；班姬原名班昭，是東漢史學家班固的妹妹，出身史學世家，貌美而多才，曾幫助哥哥班固修過《漢書》；綠珠是西晉富豪石崇的寵妾，後因石崇炫富，引來殺身之禍，綠珠為保貞潔墜樓而亡。

隋朝窈窕呈傾國之芳容

抱瓶童子

「抱瓶童子」圖上畫著兩個頭梳童子髻的小男孩，長眉細目，面若春花，唇紅齒白。兩個男童左右相對而立，一個藍衣粉褲，另一個粉衣藍褲。衣衫上繡著祥雲花紋。每個童子的手中都捧著一隻寶瓶，一插牡丹，一插荷花。

牡丹為富貴幸福之花，荷花高貴雅潔，「寶瓶」諧音「平安」，「童子」象徵「多子」。這幾個吉祥兆頭融和在一塊，則寓意平安富貴、四季平安。「抱瓶童子」圖一般都貼在舊時人家的臥室裡或者內室的門上。沒生小孩的人家用來求子，有了孩子的人家則用來保平安。「平安」不僅是對出門在外的人的祝福，也是對家裡老人、小孩和病弱者的一種祝福。

抱瓶童子

蕭史弄玉

「蕭史弄玉」圖上畫著一男一女，一龍一鳳。男子英俊瀟灑，玉樹臨風，騎在赤龍身上吹簫；女子神情溫婉，容貌美麗，坐在紫鳳身上吹笙。畫面十分溫馨和美，一對神仙眷侶，令人稱羨

傳說戰國時期，秦穆公有個女兒，從小就喜歡玉石玩物和飾品，所以取名叫「弄玉」。弄玉公主長大後，成了一位絕色佳人，又智慧超群，酷愛吹笙。所謂「好女百家求」，弄玉公主眼看著到了該談婚論嫁的年齡，那些王公豪門的貴公子，都慕名前來求親。不過弄玉公主癡迷音樂，這些貴公子的音律水準都一般，入不了公主的眼。

蕭史弄玉

　　某天，弄玉公主做了一個夢，在夢中她賞月吹笙，忽見一位青年男子吹著玉簫，與自己的笙樂相配合，兩個人在夢中眉目傳情，私定終身。弄玉夢醒之後，就非這個夢中男子不嫁，於是疼愛女兒的秦穆公就發動手下人，幫公主尋找「夢郎」。最後在華山找到了一位名叫蕭史的修道男子，是個極擅吹簫的隱居者。

　　據說蕭史吹簫，孔雀、白鶴聽了都要翩翩起舞。秦穆公一看，這一對金童玉女有著共同的愛好和追求，就成全了他們。於是弄玉公主如願嫁給了蕭史，從此以後，兩個人在鳳凰台上日日吹奏笙簫，聲音如同鳳凰的鳴叫聲。有一天，兩人的音樂聲引來了天界的神龍和綵鳳，原來，樂聲美妙，達到了仙樂的境界，於是兩人乘龍騎鳳，成仙而去。

五子奪魁

　　「五子奪魁」圖畫著在一片繁茂的花草綠野之中，五個白胖可愛的小男孩圍在一處嬉鬧，搶奪一個「盔帽」。中間的一個大男孩裝扮特殊華麗，比其他四童子略高，已經束髮戴冠；另外四個白胖的小娃娃，梳著雙髻，跳著腳搶大男孩手中高舉

的盔帽，憨態可掬。

　　古代科考制度中，以「奪魁」代表高中狀元或者考中進士。大男孩手中舉著的「盔帽」諧音「魁」，幾個小娃娃搶盔帽的寓意是奪魁者就能金榜題名，高中狀元。

　　古時候，私塾裡的小孩子都要背《三字經》，裡面的人物都是當時的人物典型。其中有一句「竇燕山，有義方。教五子，名俱揚」。這便是「五子奪魁」的典故。

五子奪魁

　　五代時，漁陽人竇禹鈞，人稱竇燕山。竇燕山年輕的時候，口碑不好，後來有人提醒他說：「你這樣做人，以後不要說什

麼子孫萬代的福氣，就連你自己可能都要短命了。」竇燕山一聽這話，開始覺醒了，此後常做善事，變成了鄉鄰交口稱讚的大善人，而他的妻子也連續生下了五個兒子，高興之餘，這位老爸非常重視子女的教育問題，把自己的全部精力用在兒子的培養教育上，為孩子聘請名師，平時生活中則重視品德修養，家教甚嚴。兒子也十分爭氣，聰穎早慧，文行並優，遍讀家中萬卷藏書，被時人讚為「竇氏五龍」。

後來竇家的五個兒子先後考中了進士，個個有成就，都是朝廷高官，畫中表現的是五兄弟小時候嬉戲的情景。當時有一位叫馮道的侍郎曾賦詩一首說：「燕山竇十郎，教子有義方。靈椿一株老，丹桂五枝芳。」逢年過節，人們便買了「五子奪魁」的年畫，不僅自家貼在牆上喜慶，也贈送親友，以祝福子弟成材。

三笑點秋香

「三笑點秋香」是連環畫形式的民間年畫，分為「庵堂遇美」、「山塘驚艷」、「昭容索夫」、「後園觸情」、「先生辭官」、「伯虎描容」、「文祝遇友」、「選點秋香」八個部分。

畫面上的唐伯虎，頗有奶油小生的味道，對著秋香暗送秋波，

唐伯虎和秋香

秋香倒顯得有些矜持，微微笑著，姿態嬌媚。

　　故事的主人公唐伯虎，原名唐寅，字伯虎，是婦孺皆知的江南風流才子。他文才出眾，書畫更佳，留下了許多價值連城的畫作。「三笑點秋香」的典故，確實是有依據的。據說唐伯虎和朋友在船上喝酒，遇到華府的船隻，一個丫鬟偷看唐伯虎，低聲嬌笑。後來經過民間的傳說和渲染，出現了「三笑點秋香」的故事。

　　唐伯虎游虎丘，偶然遇見華太師家中的婢女秋香，唐伯虎被秋香的動人容貌所傾倒，為了接近秋香，假扮成一個窮小子，把自己賣身到華府做僕役。

　　唐伯虎在華府中本是三等僕人，但是他機靈多智，文采難掩，後來被安排做華府公子華文、華武的伴讀。唐伯虎借此接近秋香，兩人暗生情愫。而秋香一向喜歡有才華的男子，正是唐伯虎的超級粉絲。唐伯虎在華府中屢立奇功，得到華太師和華夫人的器重，讓他在眾多丫鬟中選擇一個，作為賞賜。唐伯虎大喜，點中了自己的夢中情人秋香，兩人宿願得償，終成眷屬。

東方朔偷桃圖

　　「東方朔偷桃」圖上的東方朔，是一個白胖童顏的老頭。鬍子很長，藍色長衫，下身還圍著豹皮裙，腰上紮著絲帶，帶子繫著一個酒葫蘆。手上捧著一隻碩大的仙桃。身後是一片桃樹林，桃枝上掛滿了仙桃，令人垂涎欲滴。東方朔的樣子很頑皮，還有點兒鬼祟，抬腿貓腰的樣子像是在逃跑，回首四顧，臉上還掛著狡黠可愛的笑容，估計是偷桃得手之後太開心了。

　　東方朔是漢武帝時的朝臣，頗得漢武帝寵愛。他也是西漢時期著名的才子和文學家，性格詼諧滑稽、善辭賦，行為放逸。民間流傳著很多關於東方朔的傳說，有說東方朔精通天文地理、

風水術數，常常幫助百姓渡過難關。有說東方朔曾經和仙人學過道法，所以一身的仙風道骨。關於東方朔偷西王母仙桃的故事，流傳已久。

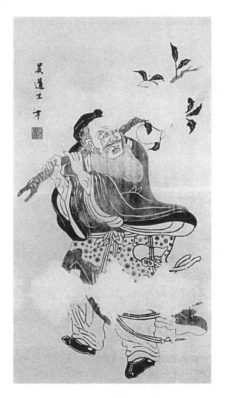

東方朔偷桃

張華的《博物誌》詳細地記錄了這則故事。話說西王母在七夕節當晚降臨九華殿，送給漢武帝五顆蟠桃。東方朔從東廂房的窗下偷看，王母娘娘說：「我認得這個扒窗戶的臭小子，

他曾經三次偷我的仙桃。」做「小偷」本不是東方朔的風格,「偷桃子」更不算是什麼好事,不過有些時候,民間百姓把偷仙桃的事當成一種樂觀的調侃:神仙的寶貝不是凡人能輕易得到的,你不給我們老百姓吃仙桃?那好,我們就用偷的。大概和孔乙己「偷書不算偷」的腔調一樣,偷神仙的寶貝也不算偷,甚至還有點劫富濟貧的感覺。仙桃是長壽佳品,所以,後世的人常用「東方朔偷桃」作為壽禮的祝詞。

紅樓夢十二金釵

　　「紅樓夢十二金釵」是一幅出自清朝的年畫。自從曹雪芹的《紅樓夢》問世之後,就在讀書人和坊間廣泛流傳。

　　民間的年畫中,有不少是以書中人物為主題的。畫中,大觀園百花盛開,嫩柳拂水。三小姐賈探春與薛寶琴、芳官、巧姐等人在玩「斗草」遊戲,賈寶玉站在旁邊看熱鬧;在草地花叢中,拿著錦扇撲蝶的是薛寶釵;在曲檻遊廊中逗弄著鸚鵡的是林黛玉;醉臥在芍藥花下面的是史湘雲;皇妃賈元春坐在一塊湖邊的大石上,身旁站著一個宮女給她扇扇子;王熙鳳和捲起珠簾的美人秦可卿在閒話家常;李紈帶著兒子賈蘭走在水榭

邊的石橋上；賈迎春、賈惜春兩姐妹在池塘邊餵魚逗趣；妙玉
在攏翠庵中獨自敲木魚，唸誦佛經。

　　這幅年畫的場景是在賈府繁盛之際，此時賈元春已經被封
為賢德妃，賈家也因此榮寵一時。

　　此畫基本上是按照《紅樓夢》原著來描繪的書中人物，比
如薛寶釵的經典動作就是「撲蝶」；史湘雲最令人印象深刻的
一次便是喝醉之後，在芍藥花叢中睡著；黛玉的經典故事是葬
花，不過她在自己住的瀟湘館中養著一隻會說話的鸚鵡，這裡
逗弄鸚鵡，也算是應景；妙玉是帶髮修行的尼姑，唸經是常態，
其他美人，特點倒沒有那麼突出，只是隨意一畫。不過這其中

紅樓夢十二金釵

還有一處紕漏，就是賈元春是沒機會和姐妹們同在大觀園中自在玩耍的，因為她已經貴為皇妃，省親機會太難得了，這種場景估計沒少出現在她的夢境中。

　　劉姥姥遊覽大觀園的時候，說大觀園裡的女孩比天上的仙女還好看，大觀園的風景就是鄉村百姓所想像的仙境。賈母聽了這話，就叫擅長作畫的賈惜春把園裡景色和園中人都畫出來，好帶回去給劉姥姥的鄉鄰們觀賞開眼。小說是這麼寫，年畫卻真的畫出來了，貼掛在鄉村百姓的牆上，融入民間，成為亮麗的鄉土一景。

穆桂英大破天門陣

　　「穆桂英大破天門陣」是傳統的敘事年畫。畫中，巾幗女將穆桂英掛帥來破天門陣，她騎著駿馬，手握紅纓槍，身披紅斗篷，銀裝鎧甲、英姿颯爽，身邊站著孟良和焦贊兩員大將。「天門陣」前，站著遼國的軍將，鐵鏡公主在前，蕭天佐、蕭天祐兄弟等在陣前叫囂抵抗。「天門陣」上空的雲彩上，還站著呂洞賓、漢鍾離、柳樹精等神仙。山後是佘太君、楊五郎、楊六郎、楊宗保、楊八妹、楊九妹等人帶兵前來支援。

　　楊家將的傳說，在民間極受歡迎。舊時茶館酒肆裡說評書，一說到《楊家將》，聽眾特別多，老的幼的、男的女的都愛聽。「穆桂英大破天門陣」這一段雖然成畫，其中還有不少故事沒表達出來。

　　宋、遼交戰時，遼軍設下了「天門陣」，這個天門陣按照五行八卦而設，大陣套著小陣，共有一百零八陣，威力無窮，非「降龍木」不能破解。楊延昭命兒子楊宗保去穆柯寨借降龍木，沒想到遇到了寨主之女穆桂英，楊宗保被穆桂英打敗擒獲。兩人不打不相識，暗生情愫，結為夫妻。

　　因楊宗保沒有及時回營覆命，楊延昭親自去了穆柯寨，卻被穆桂英生擒，正在此時，被楊宗保看見，急喊：「那是我爹！」

穆桂英大破天門陣

穆桂英聽了，兒媳婦抓公爹，這算怎麼回事，羞得滿面通紅，急忙將楊延昭放下，拍馬逃跑。

楊延昭哭笑不得，對這個兒媳婦不但沒惱怒怪罪，反而讚不絕口，說她年少有為，是女中豪傑。穆桂英為幫丈夫楊宗保立功，決定親自出馬，破掉「天門陣」。她有勇有謀，在世外高人的幫助下，終於破掉了北遼軍隊所設的「天門陣」。自此一戰後，遼國衰落，再無精力南下侵擾，百姓從此安居樂業。

❈ 動物：想像之趣 ❈

百駿圖

「百駿圖」中的駿馬未必有上百匹，卻展示了駿馬所具備的一切完美姿態：有的騰空飛奔，有的臥坐滾翻，有的挺胸躍尾，有的轉頸回眸，有的低頭食草，有的仰天長鳴。百馬聚合，猶如群英會聚，有好事將臨、興旺發達的寓意。

駿馬向來受人歡迎，其吉祥蘊意都隱藏在點點滴滴的生活中。在古人的心目中，馬既神祕又實用。傳說在伏羲時代，黃河中躍起了一匹龍馬，背上畫著奇異的紋圖，伏羲照著此圖畫出了八卦。這就是大名鼎鼎的「河圖洛書」。周穆王更厲害，他擁有八駿龍駒，駕車跑去瑤池，還見到了西王母。

馬與龍有淵源，因此在《易經》中，乾卦又被稱為「龍卦」，而其中所象徵的陽剛精進被叫作「龍馬精神」，用來稱讚人做事極有魄力，有大發展，更以「千里馬」來比喻有德有賢的人才。

馬有種英雄氣概，說起過去有名的戰爭和英雄，都少不了

名駒相伴左右。《詩經》中寫一個士兵思念家鄉，撫摸著跟隨自己征戰的戰馬，吟唱道「我馬玄黃」。

最愛馬又最壯烈的英雄當屬項羽，項羽兵敗之後，一路退到烏江邊上，烏江亭長勸項羽渡江，項羽不肯，卻把烏騅馬贈給他。項羽雖然兵敗自刎，卻不忍駿馬死去，好一份俠骨柔情。

百駿圖

漢武帝為求汗血寶馬，不惜千里征戰；三國關雲長騎著赤兔馬，過五關、斬六將，令人敬畏。馬是力量與神行的代表，極富靈性，善體人意。不僅帝王、英雄愛重駿馬，民間生活也離不開馬，道路上有挽車駕轅的馬匹，田野上也有耕田的馬兒。

在現代化的社會中，馬不再是戰爭中的驕子，也不再是貴人淑女的座駕。但是在鄉村的田野小徑中，仍然能夠看到農人們趕著三駕馬車，哼唱著悠長而纏綿的小調兒。

鎮宅神虎

「鎮宅神虎」中畫著一個呼嘯山林的猛虎，圓睜雙目，鬍鬚和全身的毛豎起，張牙舞爪做出下山的姿勢，額頭上碩大的「王」字令人肅然生畏。

「虎」作為中國人的傳統吉祥圖案，最初是原始部落的圖騰，早在遠古時代，就有「雲從龍，風從虎」的說法。戰國古墓中的帛書中記載，風虎伏羲、雲龍女媧二神結為夫婦，生了四個兒子，這四子後來成為代表四時的四神。古人看到天空雲層密佈，就說是神龍來了；看到山林中狂風大作，就說神虎現身。這也難怪，虎的巨大吼叫聲讓人想起風雷，殷商人就認為，

老虎是掌管風雷之神。

人們對虎的敬畏發展到後世，讓虎成了一種文化力量，代表著正義、權勢和勇猛肅殺。皇帝下達軍令所用的兵符為「虎符」；從周朝開始，軍隊中設有皇家衛隊虎賁，歷代兵家多用虎將、虎臣、虎士、虎師等形容最精銳的部隊，用虎威將軍、虎賁中郎將當武將名。官府衙門，更借虎勢彰顯官威，「老爺堂上一面鼓，鼓上畫老虎，今年做知縣，明年做知府」。官府的大堂上到處都畫有虎，豈止是一面鼓。皂役們手持的「肅靜」、「迴避」的牌子上都畫著虎頭，一聲「威——武」，模仿虎嘯，嚇得犯法的小民渾身哆嗦。

鎮宅神虎

　　民諺中就有這樣的說法，「老虎的屁股摸不得」、「老虎嘴裡拔牙──不要命了」。有些地方的人還把老虎稱為「山神爺」，獵人們進山捕獵，都需虔誠祭拜。因為老虎是山林之王，所以強盜土匪們佔山為王的時候，也「狐假虎威」，借老虎的威名，吹噓自己是「山大王」。

　　《風俗通義‧祀典》中說，虎性屬陽，是百獸之長，而且能吃掉鬼魅。神話中掌管鬼門的勇士神荼鬱壘，專門抓了那些作惡的鬼魅給老虎吃。所以，虎在民間成了驅凶辟邪、鎮鬼禳災、吉祥如意的象徵，春節時門上貼有虎的門畫，屋堂中掛起「鎮宅神虎」的年畫，小孩子戴虎頭帽，穿虎頭鞋，這都是借助虎的威猛和陽剛，獲得平安與吉祥。

室上大吉

　　「室上大吉」也叫「雞王鎮宅」。圖上畫著一隻雄赳赳的大公雞，站立在大石之上，腳下踩著蜈蚣、蠍子等毒蟲，昂首挺胸，雄雞報曉，一唱天下白。

　　民間每逢春節到來，都會貼上「室上大吉」的年畫，作為鎮宅之用的公雞之所以要立在一塊石頭上，以「石」諧音「室」，

「雞」諧音「吉」，意思是家門吉慶、皆為福善的意思。舊時民間迎娶時，男女雙方都分別備大公雞和肥母雞一隻，稱作「吉人」。

雞吃毒蟲，所以又有「除五毒」的能力。《西遊記》中，唐僧師徒來到琵琶洞，被蠍子精困住，那妖怪異想天開，想與唐僧結為夫妻，吸取唐僧的真陽之氣。孫悟空豬八戒不敵，多虧觀音菩薩點化，孫悟空找來天上的昴日星官幫忙捉妖，星官現出本相，原來是一隻大公雞，長鳴一聲，蠍子精現出原形，再叫一聲，蠍子精便渾身酥軟死掉了。

雞王鎮宅

　　昂日星官的母親毗藍婆菩薩也非常厲害，她用一枚以星官眼中之物煉成的「繡花針」破了蜈蚣精多目怪的金光，救了唐僧師徒。星官是隻公雞，他的母親當然是一隻老母雞了。

　　雞又被稱為「五德」之禽，傳說中亦能辟邪。晉人王嘉在《拾遺記》中記載了一種神鳥：堯帝在位的時候，政通人和，風俗淳樸。但也難免有惡虎豺狼下山出林，肆虐為害，百姓深受其苦。堯帝十分體恤百姓，讓大臣們想了很多捕獵毒蛇猛獸的辦法。後來遠在萬里有一個「舐支國」，進獻給堯帝一隻「重明鳥」，因為鳥的每隻眼睛中都有兩個瞳孔，所以也叫「雙睛」。重明鳥的樣子和普通公雞一樣，但啼叫時聲如鳳凰鳴叫，並以瓊玉膏液為食。最奇特處在於重明鳥力氣極大，專門與妖魅猛獸掐架，使牠們不敢造孽。

　　重明鳥聲名遠播，人們都希望重明鳥飛到自己家中，好鎮邪避惡。然而重明鳥並不經常出現，或者是一年中光臨數次，或者是幾年不至。

　　有人說重明鳥就是雞中之王，便仿其形狀，刻制木雞，放在門戶或屋頂上，居然也能起到嚇退猛獸鬼怪的作用。從此，後世便有了新年在門窗上張貼雞畫的習俗。

三陽開泰

「三陽開泰」圖上畫著長滿松柏的山坡上，綠草青青，朝陽升起，三隻姿態各異的羊仰望著朝陽。

正月是「三陽生泰卦」，「三羊」諧音「三陽」，此時既是立春，又逢新年，冬去春來，陰消陽長，「泰卦」有否極泰來、好運降臨的寓意，常被人們用以新年祝賀。

在中國漢字中，很多帶有美好內涵的字都以羊為偏旁，比如「善、義、美、祥」等。人們都說「羊大為美」，就是因為長大成熟的羊肥美無瑕，要被當成祭祀的「牲」，進獻給神明和祖先，祈禱吉祥和福祉。

一魚一羊謂之「鮮」。古人愛吃羊羹、羊飯、烤羊，清燉羊肉；即便現在，羊肉泡饃、涮羊肉也是名冠中華。如此說來，羊的「美」只在於羊肉的鮮美口感，對於羊自己來說，豈不是很「不美」嗎？按照食物鏈，確實是食草者在下，食肉者在上。但也不盡然，羊肉固然比其他獸肉美味，但選羊當「牲」，還因為羊的奉獻精神讓人聯想到純潔、吉祥和真善美。

中國古人認為，如果早晨看見藍天上飄著如羊般的白雲，就是幸福的徵兆。古代羅馬人也認為，當天第一眼見到的動物

是羊，這一天就會得到愛和幸福。中國的古代羌人，被太史公司馬遷在《史記》中稱為「牧羊人」，他們是遊牧民族，把羊作為自己民族的圖騰祖先，把羊看成同一血族，對其虔敬供奉。羊溫順，在沒有水草的荒野中，羊群依然和順地跟著牧羊人走，不離不棄；羊的忍耐力很強，不畏高山險坡；羊的生命力旺盛，只需要一些青草和泉水就能生存。羊吃的是青草，卻產出可口的羊肉、醇香的羊奶；羊皮、羊毛被做成衣物、裝飾；羊角、羊肚可製作酒器、酒具；羊默默接受命運，卻從不企圖傷害。

　　有人考證西方經典，認為人類在挪亞方舟的大洪水時代前，一直是吃素食和蔬菜的，羊的素食主義和犧牲精神代表了人類墮落前的飲食習慣和善良品格。而羊作為「牲」，正是以「替罪羊」的身分洗去了人類身上的罪惡。正如《聖經》所說，上帝的羔羊，除去世人的罪孽。

三陽開泰

萬象更新

　　「萬象更新」圖畫著一隻溫馴的大象，象的背上是一塊「旭日東昇」圖案的披巾，上馱一盆萬年青。取萬年青的「萬」與「象」構成「萬象更新」的吉祥寓意，一般用作新年時候的祝福語，比喻新春來臨，萬物復甦生長，一切都會變得越來越好。「象」在古代被視為吉祥之物，早在堯舜時代就已經出現。商周時，有帝王獵象的記載，象牙飾品十分流行。春秋時候的戰爭出現了象車，有些少數民族還將大象的尾巴綁上火把，橫掃戰場。

萬象更新

　　三國時，曹操獲得了一頭吳國進貢的大象，想稱重卻沒有足夠大的秤。曹操幼子曹沖聰明早慧，想出了「等量替換法」，用許多石頭代替大象，在船舷上刻上記號，讓大象與石頭產生等量的效果，再稱出石頭的重量，使「大」轉化為「小」，分而稱之。這個典故，史上稱為「曹沖秤象」。

　　中國的後世諸朝，都有番邦異國派遣使者進貢巨象的記載。兩宋的時候，宮廷中特別設置了「象院」，專門飼養大象，供帝王觀賞取樂。老百姓輕易見不到大象，不過，都城的市民比較有眼福，因為在重大的祭祀時，會有象車出來遊行，圍觀的人極多。商販們用土木粉捏成小象的樣子售賣，非常受歡迎。外地人買了帶回去當禮物贈送給親友。

　　其實，大象和中國人的個性十分相似，如仁厚、敦親、重義等。在動物的世界裡，大象與世無爭，沒有攻擊性。但認真拼起命來，沒有什麼動物敢去招惹大象，當強大的象群經過，陸地上誰是強者不言自明。

老鼠嫁女

　　舊時的小孩子都會唱一個《老鼠嫁女》的歌謠：「哩哩啦，

哩哩啦，敲鑼鼓，吹喇叭，老鼠家裡辦喜事，有個女兒要出嫁。」聽起來既有趣又怪異。老鼠本是人們討厭的傢伙，不過在中國民俗上，卻把鼠類描述得極富人情味。

「老鼠嫁女」有年畫也有剪紙，「老鼠嫁女」、「老鼠娶親」的年畫和剪紙在中國民間被視為「吉祥物」。「老鼠嫁女」年畫上，一群穿著迎親服飾的老鼠舉旗打傘，拿著燈籠火把，敲鑼吹喇叭，抬著花轎迎親。坐在花轎裡的老鼠新娘一副憂傷的模樣，不知是因為所嫁非鼠，還是因為離開鼠爹鼠媽而難過。新郎官頭戴官帽，手搖折扇，得意揚揚地騎在癩蛤蟆的背上。不過，這新郎也得意不了多久，因為前面開路的鼠兄鼠弟已經被一頭大黃貓的利爪抓住，看來整個迎親鼠隊都逃不了被貓吞食的命運。

年畫畫的也是風俗。許多地方在正月的時候都有「祀鼠」的活動，人們主動給老鼠準備麵餅、芝麻糖、乾果等食物，在「老鼠娶親」的當日還早早上床休息，以免打擾了鼠族盛會。江南一帶風俗，說舊曆年三十夜裡要把害人的老鼠「嫁出去」，以確保來年平安吉祥。從這些角度看，人類對老鼠似乎有種趨利避害的妥協姿態。

　　也有學者認為，「老鼠娶親」實際上是大人們騙小孩早早睡覺，在夜裡用食物誘捕老鼠的借口。無論是妥協還是滅鼠，都表達了人們對鼠的厭惡和驅除心理，希望通過這一嫁鼠形式，除舊布新、送陰迎陽、驅災納吉。

老鼠嫁女

　　「老鼠嫁女」還有一個民間故事：老鼠夫婦生了一個漂亮的老鼠閨女，轉眼鼠姑娘到了待嫁的年齡。老鼠夫婦就想：我們一家常年住在陰暗的牆洞裡，過著擔心受怕的日子，應該為女兒攀一門有權有勢的親家和有能力的女婿，好擺脫現在的這種生活。老鼠們首先想到了太陽，因為太陽照亮四方，萬物生長都離不開它，把女兒嫁給太陽當然就可以沾光。所以前去說

親。太陽聽了老鼠的建議之後，說：「我雖然光照四方，但烏雲一來便把我遮住了。我不如烏雲，還是去找烏雲吧。」老鼠又去找烏雲，烏雲連連搖頭道：「雖然我能擋住太陽的光芒，但大風一吹，我都不敢停留，還是去找大風吧。」老鼠又去找大風，大風說：「我也不行，遇到牆一擋，我就走不通了。」老鼠又去找牆，牆說：「這個盛情我可不敢領。我雖然能擋住大風，但老鼠一打洞我就垮了，我最怕的是你們老鼠啊。」老鼠夫婦拜訪了一圈，一想到最後還是要把女兒嫁給同類，很不甘心。牠們就想：我們老鼠最怕什麼呢？老鼠怕貓。如果有貓當女婿，那就誰也不用怕，還能白日出洞，分享美食了。

　　老鼠全家都為這個絕妙的主意而高興，於是，便去向貓提親，貓一聽要做老鼠的新郎，便很爽快地答應了。就這樣，老鼠全家忙嫁妝，擇定吉日過門。新婚這天，一群老鼠吹吹打打、鼓樂喧天，用花轎送了新娘到貓窩，新娘一入洞房就再沒有出來。到了回門的日子，老鼠父母不見女兒女婿回家，便去貓家探望，貓告訴他們：「因為怕別人欺負新娘，就把她放在肚子裡保護起來了。」老鼠夫婦一聽，嚇得落荒而逃。

獅子滾繡球

「獅子滾繡球」畫著一雌一雄兩頭獅子在玩一個繡球，寓意是好事在後頭。中國吉祥畫中的獅子，和真實的獅子不大一樣。嚴格來講，這屬於中國式獅子，是在真實獅子樣貌的基礎上加入想像的因素：眼珠凸出，額頭隆起，鼻子很寬，嘴岔深陷，

獅子滾繡球

小耳朵、大卷毛,四肢粗壯,身形矯健,既威嚴又活潑。中國吉祥畫中的獅子,具有好運和辟邪的雙重寓意。兩頭並排行走的獅子,寓意是「事事順利」;獅子配綬帶,寓意是「好事不斷」;雌、雄大獅子伴著小獅子,寓意是「子嗣昌盛」,大獅子與小獅子玩耍,寓意是「太師少師(古代官名)」,官運亨通。

中國並不產獅子,獅子算是舶來品,洋獸。佛教傳入中國後,獅子的概念從印度傳來。獅子的梵語叫僧伽彼,即「眾僧」的意思。獅子的威嚴和高貴為佛教所看重,是文殊菩薩乘坐的神獸。漢武帝派遣張騫出使西域後,開闢了通往中亞、西亞的絲綢之路。中亞、西亞諸國盛產獅子,東漢時,真正的獅子經由絲綢之路傳入中國,成為西域各國朝貢給中國皇帝的珍奇異物之一。這些獅子被飼養在帝王的宮苑,平民百姓很難見到,便對其產生了一種神祕的恐懼感,認為獅子比老虎更為兇猛,老虎見了獅子,都要低下高貴的頭。

獅子和老虎,一個平原之王,一個山林之王,兩個「王」實在遇不上。若說單打獨鬥,獅子雖然威猛,卻未必勝得過老虎。

中國古俗認為,獅子可驅邪避鬼,因而被奉為神獸,在宮

廟前、欄杆、橋頭等處都安置有石獅。舊時大戶人家的門口，必定守著兩個威武的石獅子。盛唐時期的獅子格調高邁，明清兩代又偏於莊重。兩隻獅子一雌一雄，要分清雌雄，只要看獅子的腳下即可：雄獅子右前足踩著一隻「鞠」，俗稱繡球；雌獅子左前足輕輕踩著一隻頑皮的小獅子。用石頭獅子守門，威嚴又氣派。

因為人們對獅子的想像成分居多，而老虎是真實可見的，不時出來害人的，所以「武松打虎」、「虎娘吃人」等故事，都是受害者的恨怨在作怪。獅子雖然兇猛，卻沒有民間故事中的老虎那般可怕，百姓所見的獅子大多是石頭的，畫像上的，難免被加上人性色彩，變得可愛憨厚起來。比如盧溝橋上的幾百隻獅子，有的威猛，有的嬌憨，有的古板，有的爽朗⋯⋯喜怒哀樂，千姿百態。

每逢喜慶佳節，中國人都喜歡舞獅子慶祝。「獅子滾繡球」就是舞獅中的一個動作。

相傳在南北朝時，有一位名將叫宗慤。某次與南方林邑國的一場戰爭中，宗慤為先鋒。敵國實力很強，宗慤在接連受挫後，想出了一條妙計。他命令部下雕刻木塊，做成獅子頭套和

面具戴上，然後披上黃色衣裳上陣。敵方乍一看，以為是獅子衝過來了，均不戰而逃，宗愨於是獲得全勝。這種傳說逐漸流傳到民間，在唐朝形成了「舞獅」活動，增加了獅子舐毛、搔癢、打滾等動作，變成了「獅子滾繡球」。對此，民間百姓卻自有另一番說法，雌雄二獅相戲時，牠們的毛纏在一起，滾而成球，小獅子便從中產出。但無論哪種解釋，都是喜慶吉祥歡樂之意。

❋❋ 植物：君子品格 ❋❋

國色天香

「國色天香」圖上是大朵盛開的嬌艷牡丹花。搭配點綴以蝴蝶、鳥雀、美人，絢麗富貴，吉祥圓滿。中國人對牡丹的欣賞和喜愛，是從《詩經》就開始了的。秦漢時代的國人，對美

牡丹圖

的欣賞還比較含蓄和纖弱；等到了隋唐，人們對美的追求就開始濃重起來，美人要胖才有風韻，花要富麗才更堂皇。所以艷妃楊玉環閃亮登場，使得「六宮粉黛無顏色」；牡丹花也極為風行，被稱為「百花之王」。

　　史書記載，隋煬帝在洛陽建造西苑，把各類名品牡丹引進了皇家園林。民間也因此編出了一個小故事，說是園林建好之後，隋煬帝帶著眾妃嬪等登樓台賞花。其中一個妃子感嘆道：「這牡丹花真美，只不過樓高花矮，無法看清楚。」此話一出，隋煬帝就命令眾位花匠花師想辦法，讓牡丹花長成樓台那麼高。這簡直是異想天開，不過皇帝金口一開，不行也得想辦法。有一個叫作齊魯桓的山東花師，最擅長培育牡丹，最後他想出了一個辦法，用椿樹嫁接牡丹花，最後果然成功了。這就是傳說中的「樓台牡丹」。

　　不過呢，種植出「樓台牡丹」的功勞被隋煬帝身邊的太監搶走了，真正辛苦的花師齊魯桓卻什麼也沒得到，氣得大病一場，自此隱姓歸鄉，「樓台牡丹」也就此失傳了。

　　唐宋的時候，歌詠牡丹的詩詞極多。如劉禹錫的「唯有牡丹真國色，花開時節動京城」；李白的「雲想衣裳花想容，春

風拂檻露華濃」等。據《摭異記》所載，太和年間，唐文宗與臣子程修已在宮廷花園中欣賞牡丹花。唐文宗看到姹紫嫣紅、爭奇鬥艷的各色牡丹，十分喜愛。便詢問身旁的程修已：「京師士人所寫的牡丹詩，哪一位寫得最妙啊？」程修已答，應以中書舍人李正封的「國色朝酣酒，天香夜染衣」最為傳神，唐文宗聽後，連聲稱讚。自此，「國色天香」便成為讚美牡丹花的專有名詞了。

牡丹也被用來形容女子的美麗，《紅樓夢》裡的薛寶釵，豐腴嬌美，品格大氣，抽到的花簽便是「艷冠群芳」的牡丹花。

歲寒三友

「歲寒三友」圖紋常見於舊時的瓷器、衣料、家具和建築上，畫著松樹、竹子和梅花。構圖稍嫌突兀，不過重要的不是構圖，而是寓意。松樹長青不老，以靜延年；竹子，以虛受益，經冬不凋，有君子之道；梅花，冰肌玉骨，冒雪吐艷，是群芳領袖。一般來說，嚴寒的冬日，植物都凋零殆盡，無法存活。松、竹、梅算是植物中的奇葩，一身傲骨，不懼嚴寒。故此，古人便稱松、竹、梅為「歲寒三友」。古代清高的文人，如果身處

的縣鄉中沒有君子，那麼就和山水做朋友；要是身處的裡坊中找不到君子，那就和松柏做朋友；如果吃飯的坐席上沒有君子，就和琴、酒做朋友。君子是指德行極高的人，而「歲寒三友」在這裡，不僅有對高尚品格的讚美和推崇，還有另一個目的，就是「找朋友」。

　　「萬兩黃金容易得，知心一個也難求」，有傲骨的人，要麼就交赤膽忠心的生死摯友，要麼就孤單一人，寧願與山水植

歲寒三友

物為伍，也不願意找那些趨炎附勢之輩做朋友。中國有一首著名的古曲《高山流水》，說的就是兩個摯友知音的故事。先秦時，琴師俞伯牙在漢陽江口停留，明月初升，俞伯牙在山水月色中，琴興大發，便撫琴而彈。俞伯牙一曲終了，樹叢中有一人大聲稱讚叫好。原來是一個樵夫，對俞伯牙的琴藝讚歎不已。俞伯牙很吃驚：一個樵夫竟然也懂琴曲之妙？兩人攀談之後，俞伯牙深為折服，這位名叫鍾子期的樵夫不僅能聽懂琴曲，竟然說出了琴音所描繪的心境與景色──「巍巍乎志在高山」、「洋洋乎志在流水」。

　　伯牙驚道：「你的心和我的心是完全一樣的。」這便是知音的由來，鍾子期死後，俞伯牙痛失知音，斷弦摔琴，終身不再操琴。

官居一品

　　「官居一品」圖上所繪的主角也是牡丹花。傳說唐代女皇武則天某日酒醉，冬天去御花園，見到百花凋零，於是開了金口，命百花在第二天都必須盛開，以增雅興。眾位花神不敢怠慢，第二天全部迎寒開放。只有牡丹極有骨氣，沒有違背天時，

屈從皇權，民間於是奉牡丹為「花王」。

　　「官居一品」的吉祥圖，其實只是藉著牡丹為「群芳之首」的好兆頭，祈祝做官出仕者的官品能夠達到第一。牡丹的高貴品格，使其與書卷和書香氣也有了關聯。舊時流行一個「牡丹萬卷書」的傳說。

　　明代有個書生叫歐陽搏雲，本是官宦人家的公子，後因家境敗落，十分貧寒，不得已寄宿在親友家。歐陽搏雲不甘命運

官居一品

的安排，更不願寄人籬下，決心參加科考，重振家族門楣。哪知他雖然努力，卻連年落榜。有一次，一位算命先生告訴他：「你還需讀完萬卷書才行。」聽完此話，他更加勤奮，終日抄書習文不止。可是家中貧寒，紙又太貴，只得將一篇篇文章抄寫在牆壁和門板上。

一日，歐陽搏雲感到悶倦，便來到後院散心。只見後院那株多年未開花的牡丹花，花繁葉茂，十分艷麗。便突然心血來潮，取筆硯將文章抄寫在牡丹花瓣上，以花代紙。算命先生路過這裡，看到此景，稱此牡丹為「萬卷書」。歐陽搏雲的勤奮沒有白費，第二年果真考中了舉人。

三多九如

「三多九如」圖，中央畫著佛手、桃子和石榴，外圍畫著九個連成一圈的如意。「三多」指的是佛手多福，桃子多壽，石榴多子。九個如意諧音「九如」。「佛手」又名香櫞，金黃色，很像人的手。從它被叫作「佛手」就能看出來，此物被人們想像成佛祖的金色手掌，被認為是一個很吉祥的事物，寓意是平安。「佛」又與「福」諧音，故名多福。

仙桃是王母的寶貝，也是壽星的標誌，被當成「多壽」的代表；石榴是一種奇異漂亮的漿果，熟透了皮會爆開，露出顆顆粉白晶瑩的果籽。正因石榴多籽，所以被人們當成「多子」和「求子」的吉祥物。「九如」的典故出自於《詩經》中臣子給天子寫的讚美詩，將上天的恩情比喻成九種事物。這馬屁拍得很到位，也因此傳了幾千年。民間百姓心目中的「九如」，自然與君王不同，升官發財、子孫成材、家人平安等，都是百姓對「如意」的祈求。

三多九如

並蒂同心

「並蒂同心」所畫的是蓮藕的根上生出一梗兩朵蓮花的紋圖。並蒂蓮花也是荷花的一種，因為是同根的兩朵花，被人想

像成親密的夫妻關係，也因此成為祝福和讚美夫妻恩愛、形影不離的吉祥話。

荷花又名芙蓉、蓮花。《詩經》中稱其為荷華、菡萏。在中國人的心目中，蓮是特有女神眷顧的花。歷代的畫家、詩人、作家都傾心於這種清雅脫俗的植物。屈原被流放的時候，手裡拿著白荷，在泥水裡大放悲歌，後來乾脆連穿的衣裳都用菱葉與荷花做成，愛荷成癡。

唐代大詩人李白，號「青蓮居士」，愛蓮之心不用多說。李白又愛玩浪漫，別人送女朋友玫瑰花，他不那麼俗，送荷花。《折荷有贈》詩中寫道：「涉江玩秋水，愛此紅蕖鮮。攀荷弄其珠，蕩漾不成圓。佳人彩雲裡，欲贈隔遠天。相思無因見，悵望涼風前。」多有情趣，多有創意，不愧為一代詩仙。

北宋學者周敦頤的《愛蓮說》最出名，如「出淤泥而不染，濯清漣而不妖」、「中通外直，不蔓不枝」、「可遠觀而不可褻玩焉」，連小學生都能背誦，可謂千古名篇。周敦頤最後說出了一句石破天驚、又讓眾人拚命點頭贊同的話：「蓮，花之君子者也。」神來之筆啊，不由得讓人讚嘆不已。看完古代，再看現代。散文家朱自清的《荷塘月色》，把荷花比喻為「碧

天中的星星」、「剛出浴的美人」，令人心馳神往。

　　蓮花的君子氣質，並非僅僅因為外表。大家走進寺廟，就會看見佛祖釋迦牟尼結跏趺坐在蓮花台上說法的慈悲姿態。「西方三聖」之首的阿彌陀佛也結跏趺坐在蓮台上，掌中托著一個蓮台，指引眾生通往西方佛國淨土；大慈大悲的觀音，一身白衣坐在白蓮花上，手持淨瓶和白蓮，莊嚴殊勝。佛經把佛國稱為「蓮界」，把寺廟稱為「蓮捨」，把和尚的袈裟稱為「蓮服」，把和尚行法手印稱為「蓮華合掌」，至於和尚手中使用的「念珠」也是用蓮子串成。原來，在信仰的世界中，蓮是佛界的聖物。在塵世間看到的白蓮，也許就是來自神祕的清淨世界，讓人們感受自我，潔淨心靈。

並蒂同心

玉堂富貴

　　「玉堂富貴」圖上畫的是三種花卉。有潔白如玉、清雅醉人的玉蘭，有紅香粉妝、姿容妖嬈的海棠，還有雍容富貴、華麗大氣的牡丹。花團錦簇，令人目眩。玉蘭因為花色高潔，又是蘭花的一種，故此常被人們讚美「雅潔」；也可以比喻性情幽靜、品德高貴的人。

　　海棠被稱為女兒花，歷代文人騷客都稱讚其嬌媚動人。宋代大學者蘇軾曾寫：「只恐夜深花睡去，故燒高燭作紅妝。」

玉堂富貴

　　「玉堂」取的是「玉蘭」、「海棠」的諧音，牡丹被詩人稱為「人間富貴花」，代指「富貴」。古人所寓的「玉堂」，最初指的是漢代宮廷裡的「玉堂院」，後來專指翰林院。翰林院相當於現在的社科院，裡面是國家機關裡最有學問、最權威的專家，屬於知識分子中的精英。

　　進過翰林院的人，再出來任其他官職，多是較大的文官，而且讓人覺得名正言順。聖賢書讀得多，學問大，治國經邦必然有一套。所以，「玉堂富貴」常用來祝願讀書或者做官的人職位高升，富裕顯貴。

梅蘭竹菊

　　「梅蘭竹菊」也稱「四君子」。畫上分別是俊朗的梅、幽雅的蘭、清爽的竹和燦爛的菊。「四君子」圖的喜好者大多是讀書人，一般老百姓覺得這些花太樸素，不如牡丹那麼艷麗。舊時的豪門大宅，給丫鬟取名字都是很有講究的，常見的如「春蘭」、「夏竹」、「秋菊」、「冬梅」等。

　　花與季節相對應，梅蘭竹菊，梅高潔傲岸，蘭幽雅空靈，竹虛心有節，菊冷艷清貞，這四種花對應「春夏秋冬」四季，

中國人以其為「四君子」，表現了他們對時間秩序和生命意義的感悟。

　　「君子」最初的含意，就是「大人」。西周時開始，把有身分地位的貴族男子稱為「君子」，與代表平民百姓的「小人」相對；春秋末期，「君子」和「小人」不再僅僅指社會地位，而上升為品德與節操的區分。

梅蘭竹菊

　　將「四君子」與「梅蘭竹菊」相對應，標榜君子的清高品德，有著極深的文化淵源。屈原在《離騷》中寫自己「朝飲木蘭之墜露兮，夕餐秋菊之落英」。早晨喝木蘭上的露珠，晚上吃秋菊的花瓣，太風雅了；魏晉時有「竹林七賢」，不拘禮法，追求清靜高遠，太個性了；宋代的林逋人稱「梅妻鶴子」，養

梅養鶴，終身未娶，太癡迷了；清代「揚州八怪」之一的鄭板橋最愛畫「蘭」，蘭花在他的筆下栩栩如生，太逼真了。中國文人在一花一草、一石一木中負載了自己的一片真情，從而使花木草石脫離或拓展了原有的意義，成為文人對人格的象徵和隱喻。

四季如意

「四季如意」圖畫著嬌艷吐蕊的月季，四周點綴著朵朵如意祥雲。「月季」代指「四季」，「祥雲」對應「如意」。月季屬於薔薇科，花朵嬌艷，大小適中，枝幹生有尖刺兒。

在中國的花文化中，月季名不見經傳，文人們並不大看好這種有點兒俗艷氣質的花，民間百姓雖然喜歡月季，倒也沒有特別重視它。不過月季最大的特點是月月開花，所以也叫「長春花」，俗稱「月月紅」。這個兆頭很吉祥，「只道花無十日紅，此花無日不春風」，這是宋代詩人楊萬里筆下的月季花。誰說青春易逝，誰說花易凋零，看看月季花，人家就是一個花中的「不老女神」。

對於民間來說，月季花更像是一個吃苦耐勞的農家小妹，

富有草根兒精神，在哪都容易活，而且活得很燦爛。更何況，
月季還有「四季如春」、「四季如意」、「四季長春」等各種
吉利話呢。

四季如意

君子之交

　　「君子之交」圖上畫著嶙峋山石之側，分別生長著靈芝與
蘭花。靈芝是傳說中延年益壽的仙草，據說死人吃了可以復生，
常人吃了長生不老。「蘭花」是「四君子」之一，《易經》中

的「同心之言，其臭如蘭」是說同心同德的人的意見給人的感覺就如同嗅到蘭花的香味一樣。

聖人孔子也特別推崇蘭花，他曾經說，與品德高尚的人在一起，就像處在擺放芝蘭的房間裡一樣，耳濡目染的影響，

君子之交

也能夠成為修養很高的人。「蘭花」與「靈芝」同生在一起，又叫「芝蘭競秀」。如同兩個特別優秀的人才，良性競爭，互相學習，兩個人關係雖然好，但是卻不流於表面，是心中互相欣賞和尊重的朋友。這樣的關係，常被形容為「君子之交淡如水」。

　　相傳，在唐貞觀年間，薛仁貴尚未得志之前，與妻子王寶釧住在一個破窯洞中，衣食全無著落，全靠鄰居王茂生夫婦接濟。後來，薛仁貴參軍，跟著唐太宗李世民御駕東征，因薛仁貴功勞特別人，被封為「平遼王」。

　　一登龍門，身價百倍，前來薛仁貴的王府送禮祝賀的文武大臣絡繹不絕，可都被薛仁貴婉言謝絕了。他唯一收下的是普通百姓王茂生送來的「美酒兩壇」。一打開酒罈，負責啟封的管家嚇得面如土色，因為壇中裝的不是美酒，而是清水！管家報告薛仁貴，道：「啟稟王爺，此人如此大膽戲弄王爺，請王爺重重地懲罰他！」豈料薛仁貴聽了，不但沒有生氣，反而命令人取來大碗，當眾飲下三大碗王茂生送來的清水。在場的人不解其意，薛仁貴喝完三大碗清水之後，說：「我過去落難時，全靠王兄弟夫婦經常幫助，沒有他們，就沒有我今天的榮華富

貴。如今我美酒不沾，厚禮不收，卻偏偏要收下王兄弟送來的清水，因為我知道王兄弟貧寒，送清水也是王兄的一番美意，這就叫『君子之交淡如水』。」此後，薛仁貴與王茂生一家關係親密無間，而「君子之交淡如水」的佳話也就流傳了下來。

萬代長春

「萬代長春」圖畫著蔓籐如帶、果實纍纍的大小葫蘆和枝葉繁茂的長春花。長春花是月季花和金盞花的別稱，葫蘆是那種上段小球，下段大球的「亞腰葫蘆」，看著就喜慶可愛。葫蘆裡面的籽很多，形態又頗似孕婦，被中國人聯想到「萬代」子孫，也在情理之中。

現代城市裡葫蘆並不常見，也很少人使用，不過，舊時的葫蘆可是特別受歡迎的吉祥物，既能招財進寶，還象徵子孫興旺，綿延萬代。在老百姓的心裡，葫蘆諧音「福祿」、「護祿」，平時掛在大門外，能保佑家人富貴平安；擺在病人身旁，能減輕病痛；夫妻床頭掛著，增進彼此感情，明顯就是一個神奇的寶葫蘆。

民間關於「葫蘆」的傳說和神話也數不勝數：孟姜女是葫

蘆中出生的美女；寶葫蘆裡能夠倒出無數的金銀珠寶；愛喝酒的英雄俠客隨身都攜帶裝著美酒的酒葫蘆；《西遊記》中，葫蘆是仙人用來收服妖怪的神通寶物，還是太上老君裝靈丹的寶器；最有名的還要數八十年代的動畫片《葫蘆兄弟》，七隻神奇的葫蘆生出了七個本領各異、武功高強的葫蘆娃，葫蘆娃們機智勇敢，最終打敗了邪惡的蛇精和蠍子精。故事雖然是新創的，不過思路卻是傳統的——葫蘆確實是民間用來驅災辟邪的寶貝。

萬代長春

姓名		性別	□男	□女
生日	年　　　月　　　日	年齡		
住宅地址	郵遞區號□□□			

行動電話		E-mail	

學歷

□國小　　□國中　　□高中、高職　　□專科、大學以上　　□其他_____

職業

□學生　　□軍　　□公　　□教　　□工　　□商　　□金融業
□資訊業　□服務業　□傳播業　□出版業　□自由業　□其他_____

謝謝您購買 **有關吉祥話・畫的23個由來** 與我們一起分享讀完本書後的心得。

務必留下您的基本資料及電子信箱，使用我們準備的免郵回函寄回，我們每月將抽出一百名回函讀者，寄出精美禮物以及享有生日當月購書優惠！想知道更多更即時的消息，歡迎加入"永續圖書粉絲團"

您也可以使用以下傳真電話或是掃描圖檔寄回本公司電子信箱，謝謝！

傳真電話：（02）8647-3660　　電子信箱：yungjiuh@ms45.hinet.net

●請針對下列各項目為本書打分數，由高至低5～1分。

　　　　　　5 4 3 2 1　　　　　　　　　　5 4 3 2 1
1.內容題材　□□□□□　　2.編排設計　□□□□□
3.封面設計　□□□□□　　4.文字品質　□□□□□
5.圖片品質　□□□□□　　6.裝訂印刷　□□□□□

●您購買此書的地點及店名_____

●您為何會購買本書？

□被文案吸引　　□喜歡封面設計　　□親友推薦　　□喜歡作者
□網站介紹　　　□其他_____

●您認為什麼因素會影響您購買書籍的慾望？

□價格，並且合理定價是_____　　□內容文字有足夠吸引力
□作者的知名度　　□是否為暢銷書籍　　□封面設計、插、漫畫

●請寫下您對編輯部的期望及建議：

221-03

新北市汐止區大同路三段194號9樓之

傳真電話：（02）8647-3660
E-mail：yungjiuh@ms45.hinet.net

培育

文化事業有限公司

讀者專用回函

有關吉祥話‧畫的23個由

培養文化育智心靈的好選擇